MEDICINA CHINESA VIVA

Arte e Singularidade

Dados Internacionais de Catalogação na Publicação (CIP)
(Câmara Brasileira do Livro, SP, Brasil)

Caleri, Donati
   Medicina Chinesa Viva – Arte e Singularidade /
Donati Caleri. 1. ed. – São Paulo: Ícone, 2013.

   Bibliografia
   ISBN 978-85-274-1226-1

   1. Acupuntura. 2. Medicina chinesa. 3. Medicina tradicional. I. Título.

12-14332   CDU – 610.951

Índices para catálogo sistemático:

1. Medicina chinesa   610.951

Donati Caleri

Medicina Chinesa Viva

Arte e Singularidade

1ª edição
São Paulo
2013

© Copyright 2013
Ícone Editora Ltda.

Ilustração da capa
Jorge Ponce

Projeto gráfico e diagramação
Richard Veiga

Revisão
Juliana Biggi

Proibida a reprodução total ou parcial desta obra, de qualquer forma ou meio eletrônico, mecânico, inclusive por meio de processos xerográficos, sem permissão expressa do editor. (Lei nº 9.610/98)

Todos os direitos reservados para:
ÍCONE EDITORA LTDA.
Rua Anhanguera, 56 – Barra Funda
CEP: 01135-000 – São Paulo/SP
Fone/Fax.: (11) 3392-7771
www.iconeeditora.com.br
iconevendas@iconeeditora.com.br

À Rachel,
minha querida mãe,
fonte de vitalidade e sabedoria.

PREFÁCIO

A Medicina Chinesa está viva. Não é matéria fóssil. Está viva e, à vista de todos, anda nua por aí. Nem mesmo a sua pele esconde segredos. Translúcida, deixa ver os seus órgãos, as vísceras, os fluxos, os padrões e leis que fazem dela uma sábia e generosa senhora. Lá vai o tempo em que ela pairava pelo mundo como um velado espírito de sabedoria e de engenho ancestral. Agora ela está nua e se mostra toda.

Esta afirmação vem de evidências. Nas últimas décadas, os surpreendentes avanços tecnológicos fazem dos meios de comunicação a superpotente máquina globalizante que, entre outros importantes efeitos, possibilita a democratização dos saberes. Está tudo escancarado ao olhar do curioso, do compenetrado pesquisador e dos doutores especialistas em qualquer domínio. É mesmo um fato que, a partir de uma cadeira e bastando sumárias noções de informática, a navegação em rede faz com que, aquilo que já foi privilégio de uns poucos iniciados, seja agora acessível a todos.

No Brasil, houve um período, e nem faz tanto tempo assim, em que, na fascinante atmosfera da clandestinidade, alguns práticos de procedência oriental cuidavam dos seus clientes, difundindo recursos terapêuticos da Medicina Tradicional Chinesa (MTC). Lenta, mas progressivamente, cresceu o número de simpatizantes e usuários do Tai Chi, do Shiatsu e da Acupuntura; entre outros não tão facilmente identificados pelo público em geral. Depois, respondendo ao interesse que se foi gerando em torno do assunto, surgiram as primeiras publicações, seminários, congressos e cursos ministrados por profissionais com formação especializada na área da saúde. Pontes com a ciência médica estabeleceram-se e, oportunamente, a engenharia eletrônica contribuiu para a produção de uma aparatologia que possibilitou aplicações mais sofisticadas aos profissionais atentos às necessidades da clientela cada vez mais exigente e numerosa. Sob o ponto de vista mercadológico, a exploração da MTC revelou-se apetecível e, sem encontrar expressivas resistências por parte das autoridades que regulam as práticas médicas, foi amplamente disseminada entre os consumidores. Como ainda hoje ocorre, as políticas de regulação profissional deixavam a desejar. Mesmo assim, a MTC conquistou lugar em unidades hospitalares e postos de serviços públicos de saúde. A multiplicação das ofertas no âmbito da formação profissional resultou na ampliação do interesse pela atividade. Escolas superiores de Medicina Tradicional Chinesa se estruturam, oferecendo cursos de longa duração, formando médicos e não médicos, presumivelmente bem preparados para o exercício desta agora promissora e bem prestigiada atividade profissional.

Para a MTC, acolhida e bem ajustada à mecânica globalizada do neoliberalismo consumista, o panorama é vasto e muito auspicioso. Muito de tudo que pode dar lucro tem sido feito. O que ainda falta fazer de modo sistemático e abrangente são reflexões críticas acerca da sua dinâmica social. Falta a reflexão séria sobre certas posições, tanto as conceituais quanto as protocolares, que perfazem as dobras deste milenar conhecimento. Do contrário, até parece que se trata de alguma doutrina fechada em verdades definitivas, inquestionáveis. Tem faltado audácia para questionar estruturas e assumir posicionamentos que atualizem a matéria.

Seguindo o que a Física contemporânea propõe, dizendo que estamos no campo das tendências e das probabilidades, Donati Caleri com o seu livro *MEDICINA CHINESA VIVA* levanta questões sobre as quais quase nada se tem produzido. Rompe com o modo usual de abordar o tema, desafiando o leitor a se colocar de frente a algumas verdades e certezas já cristalizadas, inorgânicas. Este seu livro acentua aquilo que a Medicina Chinesa apresenta no que ela tem de mais rico; que é pensar o humano inseparável de mundo sempre em transição para o não nascido. A partir da ideia de vitalismo, princípio fundamental em MTC, o autor dá especial ênfase aos processos de transformação e à capacidade que cada corpo tem e que chamamos de função autorreguladora; potencialidade natural que o impele a encontrar linhas de fuga que aumentem a sua capacidade de ação.

Contando com uma longa e rica experiência adquirida como acupuntor, diretor fundador e, principalmente, como formador da *Associação Sino-Brasileira de Acupuntua Moxabustão e Terapias Holísticas (ASBAMTHO)*, Donati Caleri nos oferece os conteúdos deste livro, apresentando um texto que se agencia também com autores e filósofos contemporâneos. Com muita propriedade e clareza o seu texto defende a afirmação de que esse conhecimento é atemporal, universal, que está vivo e não exclusivo desse ou daquele domínio do saber. A partir da sensibilidade e do pragmatismo adquiridos com a sua perspicácia e com o seu trabalho de campo, o autor tece considerações sobre alguns procedimentos que se conservam calcinados há milênios. Apresenta também uma seleção de pontos acupunturais que não só aparecem descritos nos manuais clássicos mas que, ao longo de muitos anos de observação criteriosa, foram aplicados, avaliados e comprovados em eficácia pela objetividade da vivência clínica do autor e de outros que com ele partilharam experiências pessoais igualmente significativas.

Os conteúdos deste livro nos levam a observar como os processos de transformações são produzidos em todos os fenômenos; inclusive na própria Medicina Chinesa. Quem nela põe atenção vê, sente e percebe onde e como os ajustamentos se impõem. O que importa na Medicina Chinesa é a sua arte e singularidade e não a representação que se faz dela. Posicionamento que robustece a ideia da diferença quando afirma que esta se dá a cada momento, embaralhando os códigos, afirmando apenas as possibilidades abertas pelo vir a ser.

Jorge Ponce

ÍNDICE

Acupuntura. Arte e singularidade, **13**

Introdução, **15**

Capítulo 1

China Grécia e o *Zeitegeist*, **21**

A sabedoria de Hipócrates, **25**

Aquilo que é por natureza, **27**

Uma introdução inusitada, **30**

A ética de Espinosa e a Medicina Chinesa, **34**

Vitalismo – o princípio orientador, **37**

O sujeito da Medicina Chinesa, **39**

A acupuntura em meio ao contemporâneo, **41**

Capítulo 2

Acupuntura e a política de saúde, **47**

Capítulo 3

O encontro/desencontro inevitável das culturas, **55**

Procedimento terapêutico singular, **59**
    Lacan e o tempo lógico das agulhas, **62**
    Sedação, tonificação ou harmonização?, **63**
    Aspectos objetivos do procedimento terapêutico, **64**

Os sistemas internos (Zang Fu), **66**

Shen, mente, razão, espírito na Medicina Chinesa, **71**

Capítulo 4

Sistema Shen/rim, **77**

Sistema Pi/baço, **90**

Sistema Gan/fígado, **101**

Sistema Fei/pulmão, **111**

Sistema Xin/coração, **122**

Conclusão, **137**

Bibliografia, **139**

ACUPUNTURA. ARTE E SINGULARIDADE

Não creiais na fé das tradições, quaisquer que sejam seus méritos e honrarias, através de muitas gerações e muitos lugares; não creiais numa só coisa porque muitos creem nela; não creiais sob a fé dos sábios do passado; não creiais no que imaginais pensando que um deus vos inspirou; não creiais em nada sob a única autoridade de vossos mestres e sacerdotes. Após exame, credes no que vós mesmos experimentardes e reconhecerdes razoável, no que for conforme o vosso bem e ao bem alheio.

(Kalama-Sutta)

INTRODUÇÃO

Ao longo da minha experiência profissional no território da Medicina Chinesa, e especialmente com a acupuntura, fui levado a reflexões e inquietações sobre esse milenar conhecimento.

O presente trabalho é fruto dessas reflexões e, principalmente, das inquietações que, em muitos momentos, criam uma visão da acupuntura distanciada da sua dinâmica produtiva.

Entendo que a leitura que estou fazendo em momento algum se desprende dos conceitos tradicionais da Medicina Chinesa.

Minha observação pretende realçar alguns aspectos da acupuntura que tendem a ser negligenciados no contemporâneo.

Em muitos casos, parece que estamos diante de verdadeiros "saltos" entre as múltiplas causas que orientam as manifestações do ser, e as manifestações em si. São hiatos nebulosos que dificultam sobremaneira a compreensão da produção orgânica, ou seja, entre os estímulos e as possíveis manifestações promovidas pelo organismo.

Qual ou quais os processos, vistos pela lógica da Medicina Chinesa, que engendram certas expressões do humano nos verbos da vida? Como se dá a relação dos estímulos produzidos pela acupuntura nas transformações orgânicas? Essas são algumas das questões aqui apresentadas, assim como a articulação da acupuntura e da Medicina Chinesa com uma linha de pensamento e pensadores, clássicos e contemporâneos, que se desenvolve na via da imanência, ou seja, nos processos de produção de mundo compreendidos no seu autoengendramento, em que causa e efeito não se separam, em que inexiste uma instância superior, fora. Na imanência, coisas e mundo se constroem, constantemente, a partir dos seus próprios processos de transformação, sem instâncias externas, alheias, superiores. São sempre criações singulares que orientam esse entendimento.

Estimular o pensamento a pensar outros arranjos possíveis sobre os conceitos da Medicina Chinesa. Essa é uma das propostas desse trabalho. Dizer isso significa também nos distanciarmos de dogmatismos, reproduções de supostas verdades, de representações dos simulacros.

O intuito é de afirmar a acupuntura como um conhecimento vivo, dinâmico, e, portanto, mutável, a cada momento, como a própria vida.

Uma visão sobre esse universo que possa ser pensada e representada por meio de termos, frases e citações, a nosso ver, mais condizente com essa realidade dinâmica. Palavras, termos e combinações que se ajustem aos espaços onde a Medicina Chinesa está sendo veiculada, ou seja, pensá-la não a partir da sua representação mais conhecida, até porque entendemos que essa pode, com facilidade, se constituir numa cópia do falso.

Queremos seguir o desafio, colocado pela própria Medicina Chinesa, quando afirma a impermanência de utilizarmos seus conceitos para apreender mundo e humano nos seus processos vitais e inseparáveis de produção.

Tomar a Medicina Chinesa como dispositivo de análise para compreender os fenômenos mais próximos do seu acontecimento.

Utilizá-la, na sua riqueza, para criarmos novos arranjos, ajustá-los aos espaços, sem, contudo, em momento algum, descaracterizar seus princípios fundamentais, suas premissas constitutivas.

Discutir a lógica da produção orgânica nos modos de vida, nos processos do viver.

Constatar que as manifestações do ser, denominadas de sintomas ou doenças, fazem parte de uma dinâmica de intensificações ou lentificações de fluxos, um jogo de linhas de forças, uma relação de alternância inseparável entre aspectos mais *yin* e mais *yang*, constitutivos de mundo e humano.

Pensar saúde/doença não como entidades distintas que clamam por exclusão, mas como expressões do ser, que sugerem estados impermanentes do humano.

Estamos propondo então, com ousadia, uma imersão nos meandros do humano, inseparável do mundo, tendo como guia, como manual de orientação, os princípios básicos do taoísmo, ou seja, o vazio pleno, a inseparabilidade, a impermanência e a insubstancialidade dos fenômenos.

Perceber, através da dinâmica do *yin* e do *yang*, e de todos os seus infinitos desdobramentos, o que orientou o povo chinês nessas descobertas, e nos desafiar a atualizar esse caminho, desvendá-lo para poder seguir caminhando, construindo outros caminhos.

E ainda que possamos pensar sobre as descobertas da acupuntura e perceber que essas, amplas e ricas, seguem uma lógica de produção orgânica acessível a todos, articuladas com outra forma de pensar e compreender o mundo, que não a oficial e hegemônica.

> *E ainda aí cabe-nos redescobrir uma forma de ser do ser, antes, depois, aqui e em toda parte, sem ser entretanto idêntico a si mesmo; um ser*

processual, polifônico, singularizável, de textu-
ras infinitamente complexificáveis, ao sabor das
velocidades infinitas que animam suas compo-
sições virtuais.

(Deleuze)

Ou seja, tentar penetrar no campo da imanência da Medicina Chinesa, naquele espaço liso, indeterminado, onde só existem fluxos, o espaço pré-formal do vazio pleno, onde latentes estão as formas. E, nesse, acompanhar os processos de produção, afirmando aquilo que é por natureza, percebendo que os seus conceitos são a tentativa de falar disso, que por natureza e a rigor independe de conceitos, explicações, pois é pura produção, puro ato de criação sem criador.

A intenção do presente texto se distancia muito da ideia da construção de um manual sobre a prática da Medicina Chinesa, ou mesmo da acupuntura, embora na segunda parte seja apresentado, como fruto da nossa experiência "impessoal", uma abordagem sobre como entendemos a função de alguns pontos, a lógica que torna possível a combinação desses em procedimentos de facilitação da potência de vida.

Portanto, a sequência dos capítulos não será orientada de forma a abordar os temas referentes à teoria e à prática da acupuntura numa relação: começo/meio/fim.

Selecionamos os temas que pareceram mais relevantes e com os quais desenvolvemos maior proximidade, e esperamos que a forma como estão sendo abordados possa servir de dispositivo de análise para se pensar a Medicina Chinesa mesmo naqueles temas que não estão aqui diretamente contemplados.

Esperamos de fato conseguir compartilhar as descobertas, e, principalmente, as dúvidas, saudáveis e inesgotáveis, sobre esse milenar, e ao mesmo tempo contemporâneo, campo do saber.

CHINA GRÉCIA E O *ZEITEGEIST*

[...] tudo o que eu posso te dizer é que nós somos fluidos, seres luminosos feitos de fibras.

(Deleuze)

Uma palavra que traduz, de forma precisa, o que pretendemos dizer, é *Zeitegeist*, e que pode ser traduzida ou compreendida como o "espírito intelectual de uma época".

É um conjunto de condições que propicia o surgimento de uma teoria, ideia ou proposta, num determinado momento.

No período que compreende os últimos 400 anos anteriores à nossa era ocorriam, tanto no oriente como no ocidente, mudanças expressivas na organização do pensamento que se desdobravam na construção de mundo.

Tanto na China como na Grécia, para nos atermos a essas duas culturas, vamos encontrar um *Zeitegeist* que propiciava a construção de um tipo de pensamento que apresenta distinções e similaridades.

Aqui buscaremos identificar as similaridades sem contudo pretendermos colar um pensamento no outro. Essa comparação proposta tem o intuito de, entre outras coisas, evidenciar o caráter universal do conhecimento, pois é um conhecimento daquilo que é por natureza, colocando-o então como verdadeiro patrimônio da humanidade.

Afirmando que por mais que estejamos falando sobre Medicina Chinesa e acupuntura essa não se construiu sozinha, mas sim por meio de vários atravessamentos, e mais ainda, que segue nessa via de construção, ou seja, se compondo através de articulações com outros saberes. Nesse sentido, pensamos que é possível falar de Medicina Chinesa, ou seja, da sua lógica, sem necessariamente utilizarmos os termos convencionais a ela atribuídos. Aquilo que enseja a sua terminologia, esses engendramentos é o que mais nos interessa conhecer.

Antes de entrarmos propriamente no tema seguinte gostaríamos de esclarecer que os dados históricos que estaremos tomando por base como orientação para falar tanto da Grécia como da China são dados controversos com relação à sua fidedignidade. Na Grécia, a maior parte dos escritos dos filósofos pré-socráticos, inclusive por razões políticas, foram destruídos, queimados, extraviados. Na China também não sabemos ao certo quais os interesses que se organizaram na construção da sua história oficial e conhecida. Sabemos, contudo, que o nosso mundo é pródigo em criar histórias oficiais, a partir dos vencedores, ajustadas a interesses dos grupos dominantes.

Iremos, portanto, após essa importante ressalva, apresentar algumas articulações entre essas duas culturas, buscando evidenciar o caráter universal do saber.

Na Grécia pré-socrática, o conceito de *"Nous"*, criado pelo filósofo Anaxágoras, por volta de 440 anos a.C, tem o sentido de princípio ordenador do universo, inteligência ou espírito universal, fluido cósmico em ação por toda parte que confere à matéria um movimento giratório, do centro para a periferia, e anima tudo quanto vive.

Este princípio, poderíamos dizer, encontra ressonância na filosofia chinesa, em parte, na concepção de Shen, entendido como o princípio universal, inteligente e organizador, e em parte, no de Qi, o sopro vital, responsável em animar, dar vida e movimento a tudo o que existe.

Diógenes de Apolônia, outro filósofo grego, diz que o ar é o princípio universal do cosmos, cuja coesão assegura; *"o sopro vital presente no indivíduo, como a fonte unificadora de suas funções fisiológicas e psíquicas"*.

Nessa mesma época, na China, está sendo afirmado a ideia de Qi como sopro vital, princípio vinculante, sendo utilizado, em ambos os lugares, as mesmas palavras e o mesmo sentido de substância vinculante.

A visão de Heráclito e Parmênides constitui, de certa forma, os dois polos entre os quais o pensamento ocidental oscilará constantemente.

Para Heráclito, a mobilidade, inscrita no próprio coração do universo, enseja incessantemente a multiplicidade de suas formas, admitindo a existência de um processo de contração e de dilatação do universo.

A doutrina de Parmênides pode ser vista como a primeira reivindicação radical do pensamento racional. Segundo ele, uma coisa é ou não é. O primeiro afirma o devir, o não ser, o segundo afirma o momento, o ser.

O filósofo Heráclito, pré-socrático, nascido em Éfeso em 540 a.C, tem ideias e conceitos que em muito se aproximam da visão mais pura do taoísmo e da Medicina Chinesa.

Heráclito nos fala de um mundo que é puro devir, ou se quisermos, a pura impermanência, o constante vir a ser.

Para ele, e nesse sentido, o que existe, portanto, é o vir a ser, processos de singularizações.

Heráclito identifica, tragicamente, um mundo onde nada está em repouso. Nesse mesmo momento, na China, o princípio da impermanência é norteador do universo e de tudo que o habita.

Ainda Heráclito, com a máxima *"não podes descer duas vezes no mesmo rio, pois novas águas correm sempre sobre ti. Descemos e não descemos nos mesmos rios, somos e não somos"* está construindo seu pensamento com base na mutação, na impermanência e na singularidade.

Este tipo de concepção da *physis*, ou seja, da natureza, e dos seus fenômenos, vem afirmar a visão da singularidade e da impermanência, próprias de uma visão de mundo grega (pré--socrática) e chinesa.

Movimentos, mudanças. Não existem entidades fixas, separadas, isoladas. É sempre um vir a ser, um processo contínuo de transformação e alternância.

Então, vamos percebendo que os agenciamentos surgem entre filósofos e sábios, conceitos e princípios, que fazem com que possamos pensar numa Medicina Chinesa como um produto inacabado, em constante movimento de atualização e agenciamentos.

A SABEDORIA DE HIPÓCRATES

Já só há partículas, partículas que se definem unicamente por relações de movimento e repouso, de velocidades e de lentidões, composição de velocidades diferenciais. Já não há senão hecceidades, individuações precisas e sem sujeito, que se definem unicamente por afetos ou potências.
(Deleuze)

Com o seu nome gravado na origem da medicina ocidental ou das práticas de cura, Hipócrates dá grande importância à relação do homem com o meio, construindo ainda nos seus fundamentos uma visão completamente atual e uma vez mais coadunada com a da Medicina Chinesa.

Isso se faz presente no reconhecimento da existência do que veio a ser chamado de "princípio vital", como força latente na natureza e no humano.

Para ele esse princípio vital deve ser considerado e estimulado nos processos de cura, ou seja, a terapia visa promover estímulos que despertem e fortaleçam a energia vital do ser humano, que, em última instância, é a força vital da natureza que habita, provisoriamente, o modo de existência conhecido como humano.

Essas referências ao pensamento grego, articuladas à Medicina Chinesa e ao taoísmo, que poderiam prosseguir com inúmeros exemplos, têm por finalidade sinalizar para o espírito intelectual daquela época.

Hoje vivemos outros tempos; o céu e a terra são e não são os mesmos, as vibrações assumem contornos próprios, a teia da vida está em constante transformação produzindo outras formas de estar no mundo.

A prática e o ensino da acupuntura sugerem este tipo de reflexão: a sensível apreensão do nosso Zeitegeist.

A atualização da Medicina Chinesa e formas de representação dessa medicina estão mais coadunadas com o contemporâneo.

Percebe-se que este exemplo da filosofia grega serve para nos libertar dos exclusivismos e facilita a compreensão da Medicina Chinesa, no seu processo de construção *ad infinitum,* articulada, implícita ou explicitamente, com outros saberes e pensadores.

AQUILO QUE É POR NATUREZA

Somos compostos de linhas variáveis a cada instante, diferentemente combináveis, blocos de linhas, longitudes e latitudes, trópicos, meridianos, etc.

(Deleuze)

Podemos apostar que a Medicina Chinesa se constitui num eficaz dispositivo de análise para pensarmos sobre os processos de produção orgânica.

Como o corpo se autoengendra? Qual a sua lógica de produção? O que pode um corpo? Quais são seus limites?

Podemos tomar como desafio, a partir da lógica que orienta a Medicina Chinesa, o homem e a natureza, na sua inseparabilidade, como uma produção constante que, independentemente de adjetivos, terminologia específica, representação, produz. Essa produção antecede a sua representação. O que existe por natureza, em ato, é a produção, ao passo que a representação, múltipla e variada, sobre o mesmo acontecimento, é secundária, de tal forma que poderíamos até prescindir dela sem alterar em nada o acontecimento.

O que existe, existe em ato, é o acontecimento que precede a explicação o que mais nos interessa. Aqui estamos diante de uma clássica discussão, daquilo que é por natureza e daquilo que é por convenção. Do acontecimento, que é sempre único, e da representação, que é sempre variada, em função de inúmeras injunções.

Nesse sentido, podemos então utilizar outros termos, para expressar a ideia sobre o acontecimento, numa visão construtivista ou mesmo uma pedagogia contemporânea que facilite a compreensão daquilo que a Medicina Chinesa se esforça em nos mostrar, qual seja, uma lógica de produção orgânica inseparável do mundo.

Poderíamos até mesmo falar todo o tempo dessa lógica sem a necessidade de utilizarmos os termos próprios da Medicina Chinesa, como mencionamos anteriormente, caso entendamos que isso facilitaria a compreensão e assimilação dos processos em si.

O que importa não é se isso ou aquilo é Medicina Oriental, Medicina Ocidental ou qualquer sistematização possível, mas sim a apreensão direta da coisa, do processo, do acontecimento.

A representação que fazemos disso, por mais que nos esforcemos, será sempre algo diferente da integralidade daquilo que é por natureza.

Portanto, se estamos no difícil campo de representações da natureza, que possamos construí-las das formas mais precisas, simples e abrangentes, àquelas que nos convençam, que possamos pensar sobre elas e nos sentir identificados com essa ou aquela forma de representar a natureza, independentemente das tradições, das ficções, das fixações. Mais ainda, cientes de que será sempre uma representação, uma tentativa de dizer do indizível, de reduzir a grandeza do acontecimento ao jogo das palavras.

Nesse sentido, a Medicina Chinesa é somente um sinalizador desses processos, dispositivo de análise, como mencionamos anteriormente.

Quanto mais dinâmica, mutável, atualizável, mais viva será a Medicina Chinesa. Desprender-se da terminologia como tal e aliar-se com o sentido, com a experiência daquilo que acontece, com o corpo produtor, que não necessita de termos, palavras e conceitos para produzir.

UMA INTRODUÇÃO INUSITADA

Penso até que a subjetivação tem pouco a ver com o sujeito. Trata-se antes de um campo elétrico ou magnético, uma individuação operando por intensidades (tanto baixa como altas), campos individuados e não pessoas ou identidades.

(Deleuze)

Pode parecer estranho um texto sobre acupuntura utilizar conceitos de filósofos ocidentais como Baruch Espinosa (1632/1677) e Gilles Deleuze (1925/1995).

A intenção, no entanto, é sinalizar para a amplitude e, principalmente a atualidade dos conceitos da Medicina Chinesa. E ainda, como esta encontra-se agenciada com saberes que, embora utilizem outros códigos de expressão, outras combinações, se atualiza numa visão muito próxima desses filósofos da imanência. Pensamos que são um mesmo sentido, uma mesma lógica que se expressa de diversas maneiras.

Deleuze pensa o mundo como uma multiplicidade infinita de fluxos que interagem constantemente, pura intensidade.

Quando o ritmo dos fluxos se reduz, produzem materialidade, produzem os "seres lentos" que somos e as dez mil coisas existentes.

Isso, seres lentos são a expressão da redução da intensidade dos fluxos. Quando as linhas seguem um ritmo de intensidade mais acelerado, para o modo de existência humano, estamos no campo do invisível; quando estas reduzem o seu ritmo, estamos no campo do visível.

Intensidade, para ele, corresponde ao que chamamos de imaterialidade, e a redução da intensidade propicia a expressão da materialidade, que ele associa a extensão, corpo, agregado mais condensado de partículas.

Além disso, para o mesmo autor, a sociedade se constrói muito mais pelo que ele veio a chamar de "linhas de fuga", pelas linhas por onde ela escapa das cristalizações e aprisionamentos identitários do cotidiano.

Será que na acupuntura também não poderíamos pensar nessas "linhas de fuga" deleuzianas como a própria imprevisibilidade do humano?

Quando produzimos estímulos com a acupuntura será que somos capazes de prever, na sua plenitude, os resultados que esses produzirão, ou apenas devemos pensar que esses irão auxiliar o organismo a construir suas próprias linhas de fuga, suas transformações?

Talvez a imprevisibilidade, com relação aos resultados produzidos pelos estímulos, seja bem mais certa do que aquilo que temos acesso a concluir.

Somos mutantes, imprevisíveis, inapreensíveis, uma combinação constante de movimento e repouso, com certas tendências mas sem determinação prévia.

Podemos pensar também na ideia inicial do I Ching que entende o mundo a partir da interação de linhas mais intensas (*yang*) ou mais lentas (*yin*), mais sutis ou mais densas, formando um *continuum* inseparável e indiscernível de tendências de manifestações. Uma verdadeira teia da vida.

Quando, em Medicina Chinesa, pensamos nos atributos mais *yin* ou mais *yang* de qualquer fenômeno, estamos pensando no ritmo do seu movimento. Quanto mais intensivo e imaterial, mais *yang* é a expressão do fenômeno, e quanto mais lento e material, mais *yin* é a sua característica mutável.

Pensar assim abre um campo de entendimento que apresenta outra maneira de compreender e sentir o *yin* e o *yang*, numa via imanente, ou seja, em processos que se constroem todo o tempo, através da capacidade do humano de viver e produzir transformações constantes.

O que estamos chamando de imanência é a manifestação em ato da própria experiência que possibilita pensar nos acontecimentos como processos que se constroem a partir do encontro de múltiplas linhas de força, que brotam sem uma rígida determinação, sem um sistema pronto, mas sim com tendências, probabilidades que se apresentam na própria produção e em função dos encontros e agenciamentos que são realizados.

Na imanência, o caminho não preexiste, ele se faz no próprio caminhar. É como se fôssemos desafiados a olhar para o aqui e agora, para as entranhas da vida, não para o além, nem para modelos ou verdades. Não existe o fora, o fora, na imanência é o lugar que não existe

Estamos propondo então um mergulho nos modos de produção do ser, sem manual, com algumas tênues referências para que possamos desvendar, a cada momento, um caminhar singular de autorregulação.

Pensar no ritmo das manifestações é pensar no *yin* e *yang*, pensar na imaterialidade e na materialidade é pensar *yin* e *yang*, pensar na intensidade dos fluxos é pensar *yin* e *yang*.

Pensar *yin* e *yang* é pensar Medicina Chinesa viva, dinâmica, impermanente como tudo.

Aspectos rítmicos da natureza, expressões de movimentos que podem ser aplicadas tanto na compreensão (diagnóstico) do humano, quanto nos tratamentos a serem construídos.

Nas reduções do ritmo, nas estagnações, nos acúmulos, nódulos, edemas, redução funcional, lentificação dos fluxos que se expressam no cansaço, na depressão, na redução da mobilidade, estamos no campo das manifestações mais *yin*.

Nas intensidades, nas manifestações imateriais do ser, nos humores, nos vapores, nas relações, nas agitações, naquilo que dá movimento, que engendra dinâmica, que facilita as trocas e transformações, estamos mais inclinados aos aspectos mais *yang*.

E aí surge outra interessante e importante questão trazida pela Medicina Chinesa bem como por esses autores que estamos agenciando, qual seja, não pensamos no absoluto. Onde começa aquilo que estamos chamando de mais *yin* e onde termina aquilo que estamos chamando de mais *yang*? É sempre mais isso ou mais aquilo, pois tudo, todos os fenômenos, os acontecimentos, se organizam e se expressam a partir de uma combinação heterogênea com tendências momentâneas. Isso parece ser assim na natureza, é próprio do acontecimento, é o ritmo da natureza. Mas isso é inseparável também, indiscernível sua demarcação. Poderíamos dizer que o movimento e o repouso são inerentes aos acontecimentos, e aqui pensamos no humano como acontecimento também. E que repouso e movimento, *yin* e *yang*, são termos, representações daquilo que é por natureza. E parece que aquilo que é por natureza é um conjunto indiscernível dessas tendências rítmicas, inseparável, indemarcável. Talvez nosso desafio seja o de compreender isso, apreender o acontecimento de forma direta, ser arrebatado por ele, misturar-se com ele.

A ÉTICA DE ESPINOSA E A MEDICINA CHINESA

Os doentes, tanto da alma como do corpo, não nos darão descanso, são vampiros, enquanto não nos tiverem comunicado a sua neurose e a sua angústia, a sua querida castração, o ressentimento contra a vida, o seu imundo contágio. Tudo é uma questão de sangue. Não é fácil ser um homem livre: fugir da peste, organizar os encontros, aumentar a potência de agir, afetar-se de alegria, multiplicar os afetos que exprimem ou encerram um máximo de afirmação.

(Deleuze)

Para Espinosa, a concepção de ética é, inicialmente, a capacidade de criar bons encontros. Encontros com corpos, no sentido amplo do termo, que componham com a nossa natureza e fortaleçam o que ele chamou de *conatus*, que é a força singular de perseverar no ser.

Então, todos os corpos, visíveis e invisíveis, ao se relacionarem com o nosso corpo, produzem uma afecção, uma alteração no nosso modo de existir.

Criam, através dessas afecções, modificações no nosso corpo. E aqui é preciso deixar claro que Espinosa talvez seja o filósofo que, com maior veemência, defendeu uma concepção de mente e corpo como unidade inseparável, assim como a Medicina Chinesa também o faz.

Bem, cientes da natureza dos corpos, tanto dos externos quanto da natureza do nosso próprio corpo, somos levados a perceber quais os corpos que, naquele momento, compõem com o nosso e quais os que nos decompõem.

No primeiro caso, temos o que foi chamado de um bom encontro, e no segundo, um mau encontro.

Ora, tudo nos afeta o tempo todo. Na relação dos corpos, repito, material ou imaterial, existe o que Espinosa chamou de afeto, um corpo afeta o outro no seu modo de agir, e o resultado pode ser de fortalecimento da potência, o que seria um bom encontro, ou a despotencialização da capacidade de agir, configurando-se um mau encontro. É claro que os afetos podem produzir múltiplas modificações no mesmo momento. Modificações que potencializam e outras que despotencializam, pois nosso corpo também são muitos corpos que compõem uma unidade heterogênea, então, as afecções em geral produzem manifestações de composição e decomposição, *yin* e *yang*, potencialização e despotencialização no mesmo momento. Não cabe pensar em separações, pureza, absoluto. De qualquer forma podemos identificar uma tendência predominante de potencialização ou despotencialização nos encontros. É isso que conta. O que faz você agir ou o que faz você padecer. O que gera paixões predominantemente alegres ou tristes, nas palavras de Espinosa.

Nos bons encontros, a potência de vida se fortalece, o *conatus,* nas palavras do filósofo, ou a energia vital, nas palavras da Medicina Chinesa, fica fortalecido.

Nos maus encontros, o humano se despotencializa, enfraquece na sua capacidade de agir, reduz o *quantum vital,* compromete o *conatus.*

Diferentemente da moral, para Espinosa, nada é bom ou mal, certo ou errado, *a priori*, mas sim, os corpos, em um determinado tempo/espaço, podem ser bons ou maus, gerar potência ou enfraquecimento.

Quando gera potência, aquele encontro engendra "paixões alegres". Quando enfraquece, engendra "paixões tristes".

A intenção, portanto, seria o desenvolvimento de um tipo de conhecimento da natureza dos corpos, incluindo o nosso, que possibilitasse a construção predominantemente de bons encontros, que produzissem paixões alegres, e fortalecessem a potência de agir.

O que tem isso a ver com acupuntura e a Medicina Chinesa? Parece que tudo.

O encontro com o outro (paciente), no espaço clínico, o tratamento realizado poderá ser visto sob a mesma ótica, assim como os encontros com os alimentos, exercícios e tudo o que fazemos na vida. O campo da Medicina Chinesa é o único e mesmo onde a vida acontece.

VITALISMO – O PRINCÍPIO ORIENTADOR

Não é mais um Eu que sente, age e se lembra, é "uma bruma brilhante, um vapor amarelo e sombrio" que tem afetos e experimenta movimentos, velocidades.

(Deleuze)

O vitalismo ou a potência vital são fluxos e forças que atravessam e vinculam humano e natureza.

O vitalismo expressa a potência impessoal da natureza. É a potência da natureza que, nas suas dobras, engendra vida nos modos existentes, sendo o humano mais um deles.

Esse princípio norteador de certas práticas na área da saúde, entre elas a acupuntura, pode ser pensado como o grau de potência singular que habita o humano e que é responsável pela capacidade de resposta aos estímulos produzidos pela acupuntura, para ficarmos no nosso exemplo.

Pode ser pensado também, dentro da linha dos biólogos Maturana e Varela, como o princípio da autopoiese, ou seja, a capacidade inata de cada ser vivo de autorregulação, de se autoengendrar.

É o fogo da vida. Vitalismo e potência são constitutivos de mundo, da natureza e do humano, que afirmam a inseparabilidade desses.

Na visão da Medicina Chinesa, o humano se constitui predominantemente de coisas que ela veio chamar de *jing*/essência, *qi*/sopro vital e *shen*/inteligência, que, de forma inseparável e, até mesmo indiscernível, são as substâncias, principais, mas não únicas, que constituem o humano.

Produzir, mobilizar, disponibilizar energia para o fortalecimento dessa vitalidade, da potência de vida, deve ser o princípio orientador de quem trabalha com acupuntura.

Os processos de transformações promovidos pela acupuntura passam, inevitavelmente, por estímulos que levam o organismo a empreender a sua própria autorregulação, buscando caminhos de expressão do ser mais compatíveis com a sua natureza.

Por meio da combinação adequada de pontos, para cada pessoa, em cada tratamento, a cada momento, criamos um procedimento que facilita o organismo a aumentar o seu grau de potência.

Nesse sentido, disponibiliza energia do próprio organismo para que esse busque a construção de padrões que fortaleçam o seu melhor ritmo de produção.

Quando os sistemas entram na via da harmonização, a partir dos estímulos que foram realizados, uma série de manifestações de expressão desarmônicas do ser, conhecidas como sintomas ou doenças, se transformam, adquirem outras configurações.

Nesse sentido, entendemos que quem efetivamente promove as transformações buscando outros padrões de regulação é o próprio organismo, assim como a pessoa, no seu cotidiano, nos encontros que realiza, cabendo ao acupunturista, no máximo, promover estímulos adequados a cada caso e que sejam facilitadores da autopoiese.

O SUJEITO DA MEDICINA CHINESA

Quando estamos falando de um sujeito da Medicina Chinesa estamos querendo definir, até onde isso é possível, como se compõem esse sujeito, como se organiza o sujeito, dentro de uma concepção própria da Medicina Chinesa. Quando estamos pensando ou trabalhando com essa abordagem, como podemos compreender os aspectos fundamentais e constitutivos do sujeito, do paciente, e, em última instância, das pessoas.

Partindo do princípio de impermanência podemos pensar nesse sujeito composto, provisoriamente, por linhas. Um sujeito, portanto, sempre em agenciamentos coletivos, índice de inacabamento. Um sujeito composto por muitos outros indivíduos, corpos complexos, uma verdadeira multidão.

Poderíamos falar de algumas linhas, fluxos ou tendências de constituição energética, que, numa combinatória sempre única e singular, se orientam sob alguma forma de organização.

Iremos utilizar alguns termos para dizer dessas formas e, mais ainda, para dizer dessas funções constitutivas do ser, mas que serão termos que, como ao longo do trabalho temos afirmado, servem mais como dispositivos de análises que ensejam um pensamento criativo e uma produção com o que os termos sugerem do que uma fixação nos termos em si. Ou seja, não importa muito os termos, mas sim aquilo que eles estão se referindo, nesse caso, na constituição energética do humano. Assim como tem uma história budista que diz que os homens ficam, por vezes, mais preocupados em localizar, identificar o dedo que aponta para a lua, mais do que efetivamente olharem para a própria lua.

Então, na sugestão de pensarmos nessa teia energética que constitui o humano, vamos indicar algumas formas principais que são adotadas para avançarmos com entendimento de suas formas/funções.

Energia Ancestral ou Jing Qi; Energia de Sustentação ou Yong Qi; Energia Defensiva ou Wei Qi; Energia de Transformação e Energia Perversa.

Na Energia Ancestral, temos componentes sutis que atravessam a materialidade

A ACUPUNTURA EM MEIO AO CONTEMPORÂNEO

> *Acreditar no mundo é o que mais nos falta; nós perdemos completamente o mundo, nos desapossaram dele. Acreditar no mundo significa principalmente suscitar acontecimentos, mesmo pequenos, que escapem ao controle, ou engendrar novos espaços-tempos, mesmo de superfície ou volume reduzidos... é ao nível de cada tentativa que se avaliam a capacidade de resistência ou, ao contrário, a submissão a um controle.*
>
> (Deleuze)

A acupuntura é um dos recursos terapêuticos que compõem a Medicina Tradicional Chinesa, e que, no seu conjunto, tem ainda a dietética, fitoterapia, massagens, exercícios energéticos e meditação.

Sua estrutura conceitual e sua prática são e devem ser sustentadas e orientadas pelo seu próprio campo de saber, construído com base na filosofia taoísta.

E o que vem a ser considerado como a constituição de um "campo próprio" e autônomo de saber, tomando aqui por base a ideia criada no trabalho desenvolvido no Instituto de Medicina Social da Universidade do Estado do Rio de Janeiro, é a existência de alguns critérios ou requisitos para tal, ou seja: uma cosmologia própria (taoísmo); o entendimento do corpo, quer na sua materialidade, quer na sua imaterialidade (anatomia e fisiologia); um critério de avaliação das manifestações do ser, bem como de um modo específico de atuação nos processos de transformação energética (diagnóstico e terapêutica).

Todos esses recursos, como citamos inicialmente, visam, no campo da Medicina Chinesa, estimular o princípio vital, a potência de vida que na sua dinâmica holística busca o bem-estar físico/bio-mecânico, sensorial/perceptivo, afetivo/emocional, mental/intelectual, social e ambiental.

Portanto, quando nos referimos ao campo autônomo, ou campo próprio da Medicina Chinesa, estamos sinalizando para a importância de um entendimento dos aspectos acima citados que compõem esse campo.

A prática da acupuntura, dentro dos seus amplos limites de entendimento e ação, não necessita do saber de outra racionalidade médica que não a sua, não carece de se agenciar com outra visão de saúde para poder ser compreendida ou utilizada.

Ao contrário, quando utilizamos distintos paradigmas, no caso mais comum o da biomedicina, que tem também o seu campo autônomo de ação, estamos criando combinações de paradigmas e práticas que, na maioria das vezes, são contraditórios.

Na acupuntura, a intervenção é orientada pelo princípio vitalista, em que são realizados estímulos no organismo para que esse retome sua mais ampla capacidade de produção, e busque seu caminho de autorregulação.

O corpo é o corpo energético com suas redes funcionais, infinitas conexões e vias de comunicação.

Os sistemas (órgãos e vísceras) expressam manifestações do humano como a produção de humores, vapores, estados do ser, tanto mais sutis como densos.

A avaliação do estado atual da pessoa é realizada através de perguntas que relatam a sua vida, nos mais minuciosos detalhes.

Além disso, sinais que se expressam no pulso e na língua afirmam a concepção do humano como uma unidade heterogênea e rica na sua capacidade de comunicação interna. O que ocorre numa determinada região, ou sistema, é sabido pela unidade.

Combinar a teoria e a prática da acupuntura, ou os outros recursos que compõem a Medicina Chinesa, com outros saberes, de outras racionalidades médicas, no mesmo tratamento, tende a descaracterizar e enfraquecer o procedimento da acupuntura.

Não podemos pensar pela lógica que orienta a nossa sociedade de consumo, que afirma, constantemente, a máxima: "quanto mais melhor".

Essa lógica irá resultar em procedimentos híbridos, que poderão gerar outros transtornos, levando o organismo a um trabalho desgastante de metabolizar estímulos, substâncias tóxicas e procedimentos díspares.

Não estamos afirmando com isso que a acupuntura é capaz de tudo sozinha. Sabemos dos limites do humano na busca de bem-estar, em meio ao contemporâneo que produz doenças.

Estamos problematizando combinações de princípios distintos que levam, muitas vezes, ao descrédito da capacidade de ação do organismo, imputando-o ineficácia e incapacidade de autorregulação e que, nesse sentido, tendem a utilizar intervenções agressivas e inadequadas, estranhas à sua natureza.

Vimos anteriormente como alguns pensadores constroem conceitos que em muito se assemelham a aspectos referentes aos conceitos taoístas; no entanto, esses pensadores e os seus conceitos não são predominantes na construção de mundo e, principalmente da ciência ocidental, que sustenta a biomedicina.

Poderíamos até dizer que esses se constituem mais como "linhas de fuga" a um tipo de pensamento científico e hegemônico no ocidente.

Na biomedicina praticada atualmente, marcada por um caráter agressivo, invasivo e intervencionista, via de regra, o ponto de partida é a supressão dos sintomas a qualquer custo, oposto portanto ao pensamento da Medicina Chinesa, que parte dos sintomas para compreender mundo e humano.

Portanto, praticar a Medicina Chinesa, utilizar os seus recursos, pressupõe uma coerência com os seus princípios e com a utilização do conteúdo, que a torna uma racionalidade própria e autônoma.

ACUPUNTURA E A POLÍTICA DE SAÚDE

> *Esse inconsciente que se supõe existir no coração de cada indivíduo, e ao qual, entretanto, nos referimos a respeito de tudo — neuroses, psicoses, vida cotidiana, arte política, etc. — seria, então, essencialmente um assunto de especialistas. E o que há de espantoso nisso? Atualmente, muitas coisas que, antes, pareciam pertencer ao domínio comum para o todo e sempre, aos poucos acabam caindo nas mãos de especialistas. A água, o ar, a energia, a arte estão em vias de se tornarem propriedades privadas.*
>
> (Guattari)

Outro aspecto a ser realçado, na Medicina Chinesa, no que se refere aos seus recursos terapêuticos que compõem esse campo próprio, como citamos anteriormente, é o fato de a acupuntura, na nossa sociedade, ser o recurso da Medicina Chinesa mais difundido, procurado e utilizado, como se fosse a "menina dos olhos" da Medicina Chinesa.

O que leva a essa priorização da sua prática em detrimento aos outros recursos da Medicina Chinesa?

Será que podemos pensar que essa priorização reflete a lógica que orienta o nosso sistema de saúde, público e privado?

Nessa lógica, que com certa lástima constatamos que a acupuntura vem sendo cooptada, o importante é a conhecida relação de produção/consumo gerando lucro e dependência.

A criação de uma política de saúde centrada na dependência aos profissionais de saúde é notória, em detrimento a uma política de saúde que de fato invista verdadeiramente na promoção da saúde, na prevenção das doenças e na autonomia, na libertação do ser.

Pensemos na infinidade de terapias, tratamentos, especialistas, e um aparato imensurável que vem a ser considerado como o setor ou o campo da saúde. Qual o principal, e muitas vezes único objetivo de tudo isso, na lógica capitalista que vivemos, senão o lucro.

> *Trata-se de demonstrar que somente a ação política e jurídica pode deter essa calamidade pública contagiosa que é a invasão da medicina, quer se manifeste como forma de dependência pessoal, quer apareça como medicalização da sociedade.*
>
> (Illich)

Isso mesmo, o lucro, obter o máximo possível através da venda e consumo de bens e serviços ligados ao setor de saúde.

Nessa organização social, onde em todos o setores o lucro é o principal objetivo, cada dia mais a acupuntura se desenvolve.

A lógica é a da dependência, na velha relação médico/paciente, analista/analisando, acupunturista/paciente.

Sabemos que nos seus pressupostos de construção a acupuntura e a Medicina Chinesa trabalham fundamentalmente com um enfoque na promoção da saúde e na prevenção das doenças. E que isso se faz através de processos que vislumbram a socialização do saber, o compartilhar de conhecimentos que levem o humano a apoderar-se de si, ao cuidado de si. Em última instância, à liberdade.

Talvez, no contemporâneo, tenhamos naturalizado essa relação dos especialistas ao ponto de não nos questionarmos mais sobre outras formas de atendimento à saúde.

Se a ênfase é na promoção e na prevenção, porque não utilizarmos, de forma coerente e efetiva, a educação, a informação, a socialização do saber para esse fim?

A orientação alimentar, os exercícios energéticos, incluindo práticas de meditação, deveriam se constituir no carro-chefe da Medicina Chinesa praticada no ocidente.

Esses, além de mais efetivos nos processos de transformação do ser, devido à possibilidade cotidiana de utilização, são facilitadores da libertação do humano, pois engendram autonomia em relação aos especialistas, aos tratamentos sem fim, ao consumo de terapias tão difundidos na nossa sociedade.

Alimentar-se de forma mais compatível com a nossa natureza e as nossas necessidades é um processo de promoção de saúde. Fazer exercícios adequados à natureza de cada um, assim como práticas de meditação que promovam, no primeiro momento, uma redução da intensidade desmesurada de fluxos (estresse), e, avançando mais, a um encontro consigo e com a natureza plena em nós, são práticas possíveis de serem utilizadas sem a necessidade de especialistas.

Na China, que sempre foi um país de um enorme contingente populacional, não era inteligente e mesmo possível adotar um sistema de saúde orientado para o consumo de bens, serviços e especialistas em saúde.

Nesse sentido, pensamos que não só a acupuntura, mas qualquer tratamento ou terapia deveria ter como ponto de partida a libertação do ser, a facilitação do indivíduo na conquista da potência de agir, que se expressa na autonomia para gerir a sua vida e a sua saúde.

Devemos então fugir às discussões ingênuas que tendem a estigmatizar esse ou aquele tratamento.

Não cabe mais a ideia moralista, revestida de um purismo inadequado por parte dos praticantes da acupuntura sobre esse ou aquele tratamento, essa ou aquela técnica, boa ou má, mas sim, sabermos se a forma como essas são utilizadas, pelos profissionais de saúde, sinalizam, efetivamente, verdadeiramente, para processos de libertação ou de dependência.

Todos os tratamentos são adequados, quando visam a libertação e autonomia possíveis, e são inadequados, quando geram dependência desnecessária.

Pensar sobre esses aspectos da Medicina Chinesa, em meio ao contemporâneo, é pensar numa política de saúde diferenciada, transformadora e até revolucionária, onde o interesse do cidadão esteja de fato em primeiro lugar.

Para o educador Paulo Freire, no texto Educação Emancipadora, podemos ler: *"Em tempos de garantir ao cidadão o direito aos bens sociais garantidos pela constituição como Saúde e Educação estamos criando doentes consumistas e não emancipados e com autonomia para gerir seu próprio saber saúde".*

Sabemos que a acupuntura, articulada com os outros recursos da Medicina Chinesa, pode se constituir num poderoso instrumento de construção de uma visão de saúde diferente do que conhecemos na atualidade.

Uma visão de saúde que produza autonomia, diante de um mundo que se esmera na produção de doenças e no consumo de especialistas.

Constatamos, com certa preocupação, que a acupuntura, como anteriormente citado, vem se integrando com muita facilidade nesse modelo de saúde perverso, praticado no nosso país.

A sua prática, cada vez mais procurada por profissionais de saúde, é motivo de brigas corporativas infindáveis.

São disputas de mercado que transformam a acupuntura em mais uma técnica eficaz na administração de doenças, e na produção de especialistas.

Será que não estamos deixando de construir linhas de fuga necessárias nesse mundo dominado pela lógica do capital?

O ENCONTRO/ DESENCONTRO INEVITÁVEL DAS CULTURAS

Que curiosa confusão, a do vazio com a falta. Falta-nos de fato uma partícula de Oriente, um grão de Zen.

(Deleuze)

Quando utilizamos termos da Medicina Chinesa como, por exemplo, estagnação de Xue/Sangue no sistema Gan/Fígado e todas as possíveis consequências desses acontecimentos, para cada pessoa, como; intensidade, tempo de estagnação, idade do paciente e tantas outras características que fazem desta estagnação um dado completamente singular, estamos no campo autônomo da Medicina Chinesa.

Quando é utilizada a denominação da biomedicina para nomear os sintomas, como dores no hipocôndrio, hepatite, hepatomegalia, estamos no campo das entidades fixas que, entre outros aspectos, reduzem a capacidade de desenvolver uma reflexão sobre o que uma estagnação de Xue/Sangue no Gan/ Fígado pode se desdobrar, a cada momento.

Assim, é importante, no momento seguinte onde estaremos pensando a lógica de produção orgânica dos sistemas Zang Fu, pensar como esses processos de transformação ocorrem.

Não nos parece suficiente saber, como na crítica que estamos fazendo às meras representações, que o Shen/Rim tem relação com o medo ou a coragem, assim como saber que o Gan/Fígado expressa a raiva e a agressividade, e assim, sucessivamente, sem pensarmos a lógica processual dessas manifestações. Ou seja, o que ocorre até o Shen/Rim produzir um tipo de manifestação conhecida no ocidente como medo? Qual o percurso interno que sugere esse desdobramento?

Voltamos aqui à questão de pensarmos naquilo que é por natureza e no que vem a ser por convenção.

No caso do Shen/Rim, que utilizaremos como exemplo, buscaremos sugerir o que ocorre, dentro dessa lógica processual, com os outros sistemas.

Podemos pensar que o medo, e mesmo qualquer outro tipo de manifestação orgânica conhecida como emoção, sentimento, é um dado real, proveniente de uma produção orgânica, e que recebeu esse nome como poderia receber qualquer outra denominação que não alteraria a manifestação da produção em si. Medo ou raiva são códigos que tentam expressar manifestações do ser.

Queremos dizer que essas denominações tentam expressar uma manifestação orgânica real, compreendida desde tempos imemoriais, ou seja, desde o primeiro humano que já se conhecia o que hoje é denominado de medo ou raiva.

Seguindo esse percurso, queremos dizer que, no encontro com aspectos externos e internos, o humano vai sendo afetado e manifestando essas afetações de várias maneiras. Conforme a característica constitucional de cada pessoa, sua ancestralidade, que se expressa no Jing, sua infância, educação, formação, envívio familiar, social e inúmeros atravessamentos que constituem provisoriamente essa pessoa, ela poderá apresentar certas tendências ou vulnerabilidades em determinados sistemas internos (Zang/Fu) e/ou externos (Jing Luo).

Numa determinada pessoa, caso isso ocorra no sistema Shen/Rim, e sabendo das atribuições funcionais desse sistema, teremos manifestações de possível desgaste do Jing/Essência, o que poderá acarretar certas manifestações.

Podemos identificar então expressões como o enfraquecimento da estrutura óssea, a redução da vitalidade, da potência sexual e reprodutiva, pois a essência mais densa da vida, ali armazenada e posta em circulação, é fundamental nesses aspectos.

As manifestações mais sutis, relativas a cada sistema, emanam, como vapores, do processo de produção contínua do sistema, e que, mesmo sutil, mantém uma relação condicionada pelas características do sistema, ou seja, cada sistema produz um certo padrão humoral, um certo "hálito" próprio, com as respectivas variações, assim como um tipo específico de produção mais densa, também com variações, mas flutuando dentro de certos platôs.

No caso sutil, são vapores que emanam dos processos de transformação contínuo da matéria densa pelo organismo inteiro, e especificamente pelos órgãos e vísceras.

A produção/liberação de humores, no nosso exemplo do Shen/Rim, iria produzir também um "estado de espírito", ou sentimento, algo sensível, associado ao sistema que está sendo mais afetado.

Então, sentimentos atualmente denominados de medo, raiva, tristeza são manifestações humorais correspondentes ao padrão de atuação de cada sistema, e que são produzidas pelos sistemas, no âmbito sensível. São encontros que fortalecem ou enfraquecem o organismo, são afecções que alteram o grau de potência de cada corpo, constantemente.

Poderíamos, para finalizar, dizer que Gan/Fígado Shen/ Rim Pi/Baço e todos os sistemas produzem e liberam humores, vapores sensíveis, mutáveis, com variações permanentes de intensidade, e que são atualmente denominados de emoções.

O que estamos querendo dizer é que tanto o que se conhece atualmente como emoções, assim como suas várias formas de apresentação, com variações de intensidade, e que são denominadas de medo, raiva, tristeza, melancolia e um incontável número de tipificações, para a Medicina Chinesa, são humores, vapores produzidos e liberados pelo corpo, via sistemas Zang Fu (órgãos e vísceras). Em última instância, são expressões de mais intensidade de fluxos ou menor intensidade de fluxos, são expressões mais *yin* ou mais *yang*.

PROCEDIMENTO TERAPÊUTICO SINGULAR

> *A moral se apresenta como um conjunto de regras coercitivas de um tipo especial, que consiste em julgar ações e intenções referindo-as a valores transcendentais (é certo, é errado...); a ética é um conjunto de regras facultativas que avaliam o que fazemos, o que dizemos, em função do modo de existência que isso implica.*
>
> (Deleuze)

O ato de colocar agulhas no paciente é um dos últimos estágios do procedimento terapêutico realizado através da acupuntura.

Por mais que estejamos convictos do procedimento a ser adotado, não podemos perder de vista que não nos cabe prever, com exatidão, os resultados.

Os estímulos são feitos e o próprio organismo tende a direcioná-los da forma e para onde for mais conveniente, observando o princípio vitalista e o princípio autopoiético, que mencionamos anteriormente.

Portanto, somos simples promotores de estímulos, que devem ser os melhores e mais precisos possíveis, constituindo-se em um bom encontro para a pessoa, ou seja, algo que fortaleça a sua potência.

Nesse sentido, o pensamento, a intuição, a fala e a ação devem estar fortemente conectados numa organização coerente, unidirecional.

Uma vez mais a plena atenção, a força e o poder das palavras, dos gestos, dos pensamentos e da intuição irão contribuir para a transformação dos processos de desarmonia em vias de realização mais compatíveis com a natureza de cada ser.

Por essas e outras razões a acupuntura não se constitui unicamente numa técnica de inserção de agulhas, em pontos corretamente determinados, embora este aspecto tenha bastante importância.

Aspectos relacionados à capacidade de estar completamente presente, à concentração, à intuição, à capacidade de estar alinhado às forças em nós que promovem transformações positivas.

Falar desta maneira pode parecer estranho para alguns, como se a acupuntura fosse algo xamânico, que dependa de simpatias, orações, vibrações, conexões com certas forças e tudo o mais. De fato é isso mesmo.

A acupuntura é uma outra ciência, uma ciência onde inúmeros fatores, tradicionalmente excluídos da ciência oficial, são efetivamente considerados: o humano e suas várias nuances estão todo o tempo num jogo dinâmico atuando nos resultados, sempre singulares, únicos.

Os vários experimentos que são realizados hoje em dia com a acupuntura, a fim de enquadrá-la no âmbito da ciência moderna, esbarram na própria instabilidade do humano, que a cada momento difere de si próprio.

Os resultados nunca serão exatamente os mesmos, como exige a ciência. E não serão porque o grau de potência varia constantemente no modo existente humano, fazendo com que esse se diferencie a cada momento. O princípio da impermanência ou o eterno devir fazem do humano algo completamente singular.

Na acupuntura ocorre exatamente a mesma coisa, ela é sempre um processo coletivo e imprevisível de construção. Aspectos do campo sutil, chamados de sentimentos, intuição, percepção e tantos outros, interferem no resultado, sendo sempre algo único no tempo/espaço.

Outros espaços de reflexão nos levam a pensar que, em geral, não se deve ficar refém da pressa e ansiedade do paciente que naturalmente anseia por melhoras rápidas.

Na acupuntura, o ritmo da melhora deve ser considerado a partir da capacidade do organismo de processar e transformar os estímulos, talvez mais do que da própria perícia ou habilidade do acupunturista.

Isso implica pensarmos novamente no espaço que o acupunturista efetivamente ocupa nesse encontro. Talvez estejamos diante da necessidade de analisarmos os múltiplos atravessamentos que promovem afecções, que modificam a potência de agir do humano, relativizando a perícia ou imperícia do próprio acupunturista.

O tempo de duração do tratamento deve ser visto com esta singularidade e depende da resposta de cada um.

Em alguns casos o tratamento deve ser diário, ou com intervalos mais curtos, até que se possa aumentar os intervalos entre as sessões. Esse tipo de investigação pode produzir complicações nos esquemas criados entre acupunturista e paciente por conta das inúmeras conveniências que permeiam a vida de ambos. Como realizar os encontros necessários em meio aos jardins do capital?

Desvencilhar-se da ansiedade cotidiana, da avaliação da eficácia dos tratamentos a partir dos resultados, e mais, da rapidez com que esses resultados são apresentados. Sabemos que na acupuntura, como não poderia deixar de ser com os encontros, as transformações ocorrem inexoravelmente, embora inicialmente essas sejam, em geral no âmbito sutil, menos perceptível pela maioria dos mortais, e, portanto, mais difícil de ser identificada. Após esse primeiro momento, no qual o encontro passa a reverberar, as manifestações tendem a ser mais perceptíveis, para então tomar forma no modo de ser.

Muitas vezes o processo de mudança está em andamento. Embora ainda não seja percebido, isso é natural, e deve ser compartilhado com o paciente.

É implausível que, após uma sessão de acupuntura, não ocorra nenhuma transformação no organismo. Como poderíamos admitir essa hipótese defendendo que qualquer encontro, com qualquer corpo, gera afecções, mudanças? Então, após uma sessão de acupuntura, indubitavelmente algo de diferente deve ocorrer, precisamos saber como interpretar o que ocorre e como traduzir esse processo, com clareza e honestidade.

LACAN E O TEMPO LÓGICO DAS AGULHAS

Para todos que estão acostumados ao trabalho com modelos ou referenciais fixos, surgem sempre questões como: quanto tempo deve-se deixar as agulhas em cada ponto? Para tonificar ou sedar, qual o tempo indicado?

Será que é assim mesmo? Para pessoas diferentes, tempos iguais. O que importa é o tempo mecânico da sedação e da tonificação?

Proponho aqui pensarmos essas questões a partir do que Lacan chamou de tempo lógico. O tempo deve ser o necessário para cada um, no dia e hora da sessão, e esse é o desafio de pensar qual o tempo de permanência das agulhas, e mais ainda, sentir ou intuir o que é o tempo necessário.

Esteja presente, atento e, a partir da leitura de cada situação, sinta-se desafiado a perceber qual o tempo que as agulhas devem permanecer em cada ponto, em cada paciente. Essa sugestão esbarra novamente naquela questão de sabermos como lidar com aquilo que é necessário e o que é possível, esse último, via de regra, definido pelos múltiplos atributos da vida cotidiana em meio aos jardins do capital.

SEDAÇÃO, TONIFICAÇÃO OU HARMONIZAÇÃO?

Essa questão pode ser pensada como a utilização da acupuntura servindo para auxiliar na harmonização da circulação dos fluxos de energia em cada paciente. A impressão que se tem, com o uso do termo harmonizar, e, mais ainda, com a intenção e a prática de harmonizar com as agulhas, é a de uma coerência com relação à afirmação do princípio vitalista e autopoiético, à participação da potência de vida no processo de transformação das desarmonias. Consideração ao princípio vitalista que percebe o humano na sua potência de agir, e em algo que chamamos de inteligência/orgânica, capaz de, quando devidamente estimulada, buscar os seus próprios caminhos de harmonização.

Harmonização, portanto, nos parece mais compatível com o que produz a acupuntura, a partir dos estímulos que essa promove no corpo. Os estímulos produzem modificações no organismo. Então, a partir daí, uma infinidade de processos orgânicos de produção e transformação são postos em andamento. Nesses, são produzidos substâncias necessárias, aceleração de ritmos de produção de certos sistemas, redução de outros, dinamização da produção e circulação de líquidos orgânicos, dos mais variados possíveis, produzidos pelo organismo no seu processo de autorregulação. Os estímulos colocam em movimento um corpo, com toda a sua capacidade produtiva relativa ao seu grau singular de potência.

ASPECTOS OBJETIVOS DO
PROCEDIMENTO TERAPÊUTICO

A sugestão é que se procure identificar com clareza o melhor procedimento a ser adotado, para cada pessoa.

Isto significa que, embora seja conveniente trabalhar com poucas agulhas, para evitar o excesso de estímulos numa mesma sessão, o que poderia exigir acima do necessário, por parte do próprio organismo, fazendo com que esse tenha que investir energia produtiva para metabolizar e eliminar esse excesso.

No entanto, este nem sempre pode ser o melhor procedimento para todas as pessoas, que, em outros casos, dependendo da compleição física do paciente, da localização do problema, do tempo da manifestação e muitos outros fatores, poderá exigir um número maior de agulhas. Portanto, deve-se estar aberto para ser tomado pelo momento e não ficar colado em modelos fixos.

Como princípio, após uma clara avaliação, deve-se trabalhar com poucas agulhas, e de forma precisa, possibilitando ao organismo distribuir os fluxos criados pelos estímulos para os sistemas mais desarmônicos.

A distribuição de agulhas entre as partes alta/baixa, esquerda/direita, anterior/posterior, quase um "feng shui" com as agulhas, uma estética, uma obra de arte que vai além da aparência, na distribuição das agulhas, mas sim de uma coerência com os princípios de ação adotados.

Trabalhar, sempre que possível, um procedimento a cada sessão, ou seja: se for o caso de trabalhar no campo externo (Jing Luo), que seja adotado somente esse procedimento naquela sessão.

Queremos sugerir com isso que, no conjunto das manifestações, o procedimento a ser adotado seja construído visando a uma atuação global das agulhas naquele paciente, e não colocar agulhas para vários sintomas distintos, na mesma sessão.

Outro aspecto importante é a visão, normalmente apresentada, da função dos pontos de acupuntura.

Os pontos de acupuntura também não se encaixam, ou melhor, não devem ser vistos dentro de grupos fechados como se todos os pontos classificados como "pontos-fonte" tivessem a mesma função, ou os "pontos Shu", e daí por diante.

Os pontos precisam ser bem conhecidos em sua individualidade, sua dinâmica dentro do sistema que fazem parte.

Radicalizando a questão, queremos sugerir a seguinte reflexão: o mesmo ponto, para pessoas distintas, tem exatamente o mesmo resultado?

Cada ponto tem como que uma "personalidade" própria, mutável, assim como tudo na natureza, e sua atuação depende em parte das combinações que são criadas em cada tratamento. Agrupá-los bem constitui uma arte, agrupá-los bem, para cada pessoa, a cada momento, necessita conhecimento, sobre suas características e sua lógica de atuação. Seguimos afirmando o grau de imprevisibilidade da acupuntura, que, na questão dos pontos, se apresenta de forma inequívoca.

OS SISTEMAS INTERNOS (ZANG FU)

A invenção não é prerrogativa dos grandes gênios, nem monopólio da indústria ou da ciência, ela é a potência do homem comum.

(Pelbart)

Existem, desde muito tempo, diversas abordagens teóricas e práticas na Medicina Chinesa e especialmente na acupuntura.

Ao longo da minha experiência profissional, tive a oportunidade de trabalhar orientado por algumas delas.

Há alguns anos venho utilizando na clínica a abordagem que mais pareceu traduzir uma realidade fisiológica/sutil do humano, ou seja, o trabalho sob a ótica do que se convencionou chamar de sistemas internos Zang Fu.

À medida que, além do espaço clínico trabalhava com a formação de profissionais em Medicina Chinesa, sentia a necessidade de apresentar os temas de forma inteligível, ou seja, o mais acessível possível ao pensamento.

Nesse sentido, realizava as devidas reflexões com relação às abordagens anteriormente utilizadas e descobria muitas perguntas sem respostas, outras, com respostas destituídas de qualquer lógico razoável, engessadas em esquemas, sistemas e modelos prontos.

Isso tudo me deixava encucado com a incapacidade de apresentar a acupuntura, de forma compreensível, como uma via de pensar e praticar saúde, orientados pela atenta observação dos processos de produção e transformação de si e do mundo.

Além das perguntas sem respostas, percebia também a apresentação de uma acupuntura dogmática, onde o conhecimento era reproduzido como verdades inquestionáveis, sem necessidade de reflexão e conclusão própria. Portanto, bastava seguir automaticamente o percurso indicado, sem a possibilidade/ necessidade de pensar, sentir, perceber o que era transmitido, até porque, muitas vezes, o conhecimento também era transmitido por meros reprodutores/professores, o que costumo chamar de cópia do falso.

Nesse espaço de certezas precárias, quando não compreendia a lógica processual das manifestações do ser, o que ocorria com absurda frequência, defrontava-me com o seguinte chavão: *"Sua mente ocidental ainda não está preparada para compreender isso."*

Até certo ponto, essa forma mecânica de trabalhar, além de promover resultados aparentemente satisfatórios, também criava a segurança de estar apoiado em alguma tradição milenar, sentia-me como fiel seguidor dessas supostas verdades.

Essa era a ideia: reproduzir o que havia sido construído há milênios, por supostos sábios, de forma inquestionável.

Atualmente, claro está que penso e reflito sobre todos os preceitos e enunciados da Medicina Chinesa, sem pudor ou ansiedade, buscando realçar o seu caráter de conhecimento vivo e dinâmico, mutável, impermanente, inseparável, mas não exclusivo da concepção taoísta de mundo ou de qualquer outra concepção fechada.

Na minha forma de pensar a acupuntura, ela se constitui como sendo algo que está em constante transformação, e que nos convida à criação de entendimentos e procedimentos terapêuticos únicos, a partir da avaliação do momento de cada pessoa, com suas características, diferenças, combinações próprias e singulares, imanentes em cada ser.

O entendimento da Medicina Chinesa, orientado pelo que poderíamos chamar de um eficaz dispositivo de análise, que é a lógica dos sistemas Zang Fu, é um ponto de partida, que nos permite fazer uma imersão nos processos de construção das manifestações do ser em meio ao mundo contemporâneo.

Esse olhar é uma conjugação da visão da produção inerente aos órgãos e vísceras, numa perspectiva ampla que combina aspectos sutis com outros mais densos, imaterialidade e materialidade orgânicas.

Nessa combinação, pensamos sobre o campo mais sutil inseparável do mais denso, como um *continuum* que engendra expressões únicas do ser.

Assim, tudo o que ocorre no corpo pode ser pensado, compreendido e traduzido pela e para a linguagem da Medicina Chinesa.

Seja a expressão de manifestações humorais, simbólicas, comportamentais, também chamadas no ocidente de emoções, assim como dores, redução de mobilidade, disfunções orgânicas e metabólicas, estão contempladas nessa via de entendimento do humano.

A partir de então, ficou mais compreensível e coerente pensar a cosmologia taoísta, a anatomia e a fisiologia chinesa, os processos de avaliação e os procedimentos terapêuticos como construções provisórias de expressão humana. Isso não implica pensar também que, contudo, algo da vida será sempre fugidio à nossa compreensão.

Nesse caminhar, não temos necessidade das respostas prontas, mas sim, de construirmos juntos perguntas e respostas provisórias, a partir da imersão nos processos de produção e transformação do humano.

Desde situações palpáveis e visíveis a aquelas sutis, que dizem respeito a sentimentos, comportamentos, caminhos e possibilidades, compreendidas como expressões do ser, inseparáveis do mundo.

Todas essas expressões de vida se constroem num processo de vir-a-ser constante, com certa acessibilidade ao pensamento, à intuição, à percepção.

Esse talvez seja um grande desafio, "mergulhar" nos processos produtivos, ousar pensar aquilo que desde tempos imemoriais a Medicina Chinesa nos chama a atenção, ou seja, sobre mundo e humano entrelaçados.

Assim, podemos então entender que o que é considerado como o sistema Pi/Baço, e que na sua função dentro de um todo, interage com muita proximidade com os alimentos (sólidos, líquidos e afetivos), transformando-os e disponibilizando-os ao organismo na forma de Xue/Sangue, além de transportá-los e distribuí-los.

A partir dessa produção e transformação, irriga de sangue vivo o corpo todo, alimentando e renovando, desde órgãos e vísceras, até pensamentos, fazendo-os circular, agenciando-se com as micropartes do corpo, como a própria circulação do Xue/Sangue.

Nesse sentido, e avançando com o nosso exemplo, produz inúmeros movimentos, transformações, agenciamentos que podem também ser pensados, acompanhados. Entre eles podemos perceber esse sistema como importante ator nos processos conhecidos como estagnação de fluxos. Então, o sistema em tela tem como uma das suas atribuições ser um importante agente de desestagnação, movimentando, inclusive, o que conhecemos como ideias fixas, situações de imobilidade, dificuldade de fazer mudanças, de distribuir, de compartilhar etc.

Entendemos que esse tipo de pensamento, essa lógica que se desdobra num processo que não tem começo nem fim, é aquilo que se passa no corpo, na sua funcionalidade orgânica. É aquilo que estamos chamando de conhecer pela natureza. Conhecer pela natureza é entrarmos no campo das certezas/incertezas, é buscarmos um conhecimento da gênesis, do modo de produção, da causa e origem como essa produção acontece. É ousar acompanhar o seu caminhar, suas tendências de fluxos, suas deficiências na produção, os aspectos sensíveis dessas deficiências.

O que chamamos em Medicina Chinesa de Pi/Baço, Gan/Fígado, Shen/Rim, Fei/Pulmão e Xin/Coração deve ser considerado como sistemas unificados que integram aspectos materiais e imateriais, físicos e sutis, inerentes ao humano. Aspectos que se distinguem, mas não se separam.

Os sistemas interagem e se comunicam todo o tempo com ele próprio, com os outros sistemas, através de inúmeros canais de circulação e conexão, que poderíamos pensar como uma verdadeira teia da vida. A lógica que orienta esta inter-relação não deve ser esquemática, pronta, fechada, mas pensada como tendências, probabilidades próprias e individuais, ocorrendo no tempo e espaço de cada ser.

SHEN, MENTE, RAZÃO, ESPÍRITO NA MEDICINA CHINESA

Uma coisa, um animal, uma pessoa já só se definem por movimentos e estados de repouso, velocidades e lentidões (longitude), e por afetos, intensidades (latitudes). Já não há formas, mas relações cinéticas entre elementos não formados; já não há sujeitos, mas individuações dinâmicas sem sujeito, que constituem agenciamentos coletivos.

(Deleuze)

O Espírito ou Espíritos, em Medicina Chinesa, deve ser compreendido como manifestações sutis ligadas, ou melhor, inerentes ao organismo, produzidos pelo próprio organismo na sua constante atividade produtiva.

O Espírito Universal, na Medicina Chinesa, é também chamado de Shen, o princípio organizador, a fagulha cósmica de consciência, inteligência ou até mesmo a Mente ou Razão Universal.

Quando, no momento da união dos Jing/Essência (materno e paterno), um novo modo de existência, composto de agregados provisórios, toma forma, o Shen estará presente para dar o sentido de orientação, organização, transformação e desenvolvimento desse modo de existência, dentro de certos padrões de combinação.

O Shen, princípio organizador, que empresta sua atividade produtiva ao modo existente, é também responsável, em parte, pelo caminhar do indivíduo na construção de mundo. Além disso, o sentido de Shen Universal, que empresta os seus vapores no momento da concepção, é a possibilidade sempre presente da realização da Natureza plena em nós.

Cada sistema (Zang/Fu), no seu processo constante de produção, encerra um aspecto mais denso e também um aspecto mais sutil, como vimos anteriormente, de forma inseparável e praticamente indemarcável.

Assim, quando nos referimos ao Pulmão, Fígado ou Rim, estamos nos referindo ao aspecto físico, anatômico, demarcado por sua estrutura, com funções universalmente estabelecidas pela biomedicina.

Quando nos referimos ao aspecto sutil, expressos em vapores, humores, bem como a conexões, extensões, inter-relações, que nos fazem pensar o corpo como uma unidade indissociável, estamos no campo da Medicina Chinesa.

Nesse campo o Pulmão, Fígado, Rim, Baço e Coração, além da sua fisiologia conhecida pela ciência, passam a ser concebidos como Fei, Gan, Shen, Pi e Xin, respectivamente, na sua totalidade produtiva e funcional, onde os aspectos físicos, sutis, sensíveis se combinam constantemente, de forma inseparável.

Nesse sentido serão considerados como sistemas que englobam aspectos fisiológicas básicos correspondências com regiões do corpo (canais e colaterais), aspectos sutis conhecidos como emoções, sentimentos, sensações e tudo o mais que é inerente ao humano na sua expressão do existir.

Shen, o princípio organizador, pode ser compreendido como o espírito que habita todo o corpo, circulando no Xue/Sangue impulsionado principalmente pelo sistema Xin/Coração.

Circula pelo corpo todo, através dos canais conhecidos como Xue Mai, incluindo aí os desdobramentos desses canais em microcanais de circulação.

Os Xue Mai integram o sistema Xin/Coração como uma extensão deste e que transporta e auxilia na circulação do Xue/Sangue, impulsionado pelo Qi/Sopro Vital.

O Espírito Universal, Mente, Consciência, Inteligência está presente nos sistemas, a partir do momento da concepção, e daí será transformado pelo processo produtivo singular de cada pessoa, ou seja, uma combinação daquilo que é Universal com aquilo que é Singular e provisório.

Os nomes e as funções distintas inerentes a forma e produção de cada sistema possibilitam uma leitura diferenciada das suas manifestações.

No que estamos defendendo, a imaterialidade pode ser compreendida como o hálito próprio de cada sistema, que engendra manifestações próprias e inerentes às características de cada sistema, com o grau de intensidade singular, própria a cada pessoa, a cada momento.

SISTEMA SHEN/RIM

O corpo é uma máquina abstrata. A máquina abstrata atravessa todos esses componentes heterogêneos, mas sobretudo ela os heterogeneíza fora de qualquer traço unificador e segundo um princípio de irreversibilidade, de singularidade e de necessidade.

(Guattari)

O Shen/Rim é um sistema, e cabe aqui, desde já, a pergunta: o que vem a ser, em Medicina Chinesa, um sistema? Pois bem, o que estamos chamando de sistema é um conjunto de funções que atuam dentro de certo platô. Mais ainda, um sistema, em Medicina Chinesa, é também um conjunto de relações privilegiadas entre o órgão, sua expressão mais externa que são os canais de circulação, sua produção mais densa e sua produção mais sutil. Então, o sistema conhecido como Shen/Rim tem certas atribuições produtivas dentro do sistema maior que é o corpo. Essas atribuições produtivas do sistema acima podem ser compreendidas como as de acolher o *jing* (essência pré-celestial) também compreendida como os aspectos mais *yin* e mais *yang* herdados de uma ancestralidade não datada.

Esses aspectos podem ser pensados como a materialização de um desejo que foi traduzido em ação. Podemos inferir então que o sistema acima irá ter como uma das suas atribuições nutrir, disponibilizar os aspectos que compõem essa essência ancestral. Esses são considerados como mais *yin* e mais *yang*, ou seja, aspectos mais intensivos e sutis, outros mais extensos e densos. Portanto, *yin* e *yang* será sempre uma forma de dizer desses ritmos, uma forma sintética de pensar e dizer alguma coisa que existe por si. Movimento/repouso, aceleração/lentificação, sutil/denso, que podem ser pensados como aspectos mais *yin* e mais *yang*. Seguindo o nosso primeiro exemplo de compreensão de algumas atribuições dos sistemas, o sistema acima auxilia sobremaneira a nutrição de *yin* e de *yang* de todo o organismo.

Ele também recebe, retém e distribui o Qi/Sopro Vital através da respiração mais profunda. A respiração interna, que extrai dos órgãos e vísceras, e do corpo em geral, essa potência de movimento, transformação e criação.

A essência do sistema Shen/Rim é a base orgânica que, no encontro com os aspectos mais *yang*, como o Qi/Sopro Vital, captado inicialmente pelo Fei/Pulmão e encaminhado para a parte baixa do corpo, irá possibilitar a transformação dos aspectos *yin* do *jing*/essência em Qi produtivo, pela ação transformadora e aquecedora do próprio *yang* do Shen/Rim. O *yang* do Shen/Rim, e de qualquer sistema, pode ser pensado como sendo o produto do movimento desse sistema, da sua ação, da sua capacidade produtiva.

As atribuições mais densas do sistema em questão estão ligadas a sua essência/*yin*, como a organização formal dos ossos, o preenchimento do cérebro (medula óssea), o desenvolvimento geral, a capacidade de reprodução, e inúmeros e incontáveis exemplos que podem ser deduzidos e percebidos de suas atribuições funcionais básicas. Aqui não pensamos em nomeá-las na sua totalidade por duas razões: 1) o nosso intuito não é o de apresentar o produto final, mas sim facilitar o entendimento da sua construção; 2) seria impossível, mesmo que quiséssemos tentar nomear na totalidade tudo o que pode ser considerado como atribuições de um sistema.

Esse sistema, por conta dessa atribuição fundamental de acolher a essência constitutiva do humano, estará implicado diretamente, mas sempre no conjunto orgânico, com questões relacionadas à vida. Ou seja, criação, desenvolvimento, preservação, transformação, para citarmos alguns aspectos diretamente relacionados a esse sistema e que, analisados, ensejam a compreensão de inúmeros desdobramentos funcionais e mesmo de disfunções relacionadas a ele.

Nesse sentido podemos pensar na força de vontade, a capacidade em perseverar no ser, de sustentar projetos e ideais, assim como uma alternância humoral entre manifestações mais *yin*, denominadas de sentimentos de medo (excesso de *yin*) e manifestações mais *yang*, conhecidas como coragem (excesso de *yang*).

Podemos observar a produção regular do sistema Shen/Rim através da distribuição de líquidos pelo corpo. Secura, em geral, pode acontecer por deficiência do *yang* do Shen/Rim, ou seja, da sua capacidade de movimentar, e a retenção de líquidos, nos membros inferiores, também por deficiência do *yang*, ou seja, do impulso para a subida e movimentação dos aspectos *yin*, que são os líquidos orgânicos.

As mudanças orgânicos ocorrem, em geral, por meio de processos, movimentos que dizem respeito às características funcionais de cada sistema.

Isso significa dizer que a deficiência de cada sistema pode se desdobrar em inúmeras e incontáveis manifestações, para cada pessoa, a cada momento.

Aqui iremos sugerir também que seja pensado os sistemas, de forma ampla, para identificar outras manifestações e combinações que podem se expressar.

Seria impossível apresentar todas as manifestações, combinações e intensidades distintas e possíveis para cada pessoa, como mencionamos anteriormente.

Então, estamos querendo sugerir o entendimento da dinâmica corporal nos processos de transformação e desdobramentos, em entidades móveis, cambiáveis e que em certos momentos são chamadas de saúde e em outros de doença. São termos utilizados no ocidente para denominar expressões do ser.

A deficiência do aspecto mais *yin* da essência, ou seja, seu componente mais denso, ou do aspecto mais *yang*, seu componente mais sutil, que expressa, entre outras coisas, o movimento do sistema, pode acarretar, por exemplo, deficiência na nutrição de aspectos mais *yin*/líquidos orgânicos para o sistema Fei/Pulmão; o Xin/Coração ou o Gan/Fígado. Isso pode ocorrer porque sabemos que os sistemas se relacionam todo o tempo, numa construção que mais se assemelha a uma grande orquestra, onde cada instrumento se relaciona entre si e com os outros do conjunto.

No sistema Fei/Pulmão, a redução na nutrição dos aspectos mais *yin* do sistema Shen/Rim poderá acarretar secura no Jiao Superior/Aquecedor Superior, gerando manifestações como tosse seca; plenitude no aquecedor superior, conhecida como asma, pois com pouco *yin*/líquidos orgânicos o Qi/Sopro Vital, mais *yang*, intensivo, portanto, mais seco, tem mais dificuldade de circular, e tende a ficar retido no centro do peito; dificuldade em respirar, pois o Qi/Sopro Vital é captado pelo organismo, mas com a deficiência dos aspectos mais *yin*/líquidos orgânicos do sistema Shen/Rim, ele tem dificuldade em circular, pois tem excesso de secura, podendo acarretar, por exemplo, pele desidratada.

O sistema Fei/Pulmão respira também pela pele, mantendo-a num bom padrão, a falta de *yin* nesse sistema acarretará deficiência de *yin*/líquidos orgânicos na pele, conhecido no ocidente como desidratação.

O sistema Gan/Fígado, na deficiência de aspectos mais *yang* do Shen/Rim, pode produzir a redução do movimento e das transformações, gerando estagnação que pode se desdobrar em calor e secura no Gan/Fígado, acarretando humores que se expressarão como irritabilidade, agressividade, raiva, devido à redução do *yang*/movimento que coloca o Qi/Sopro Vital e o Xue/Sangue em circulação. Esse entendimento afirma a estreita relação entre os sistemas, muito relevante para a visão de saúde que a Medicina Chinesa produz.

No sistema Xin/Coração, quando existe deficiência de aspectos mais *yin*/líquidos orgânicos e Xue/Sangue, provocadas pela deficiência de *yin*/líquidos orgânicos ou *yang*/movimento do sistema Shen/Rim, esse sistema poderá produzir excesso de *yang*/movimento/calor ou *yang* falso, que é a impressão de excesso que tem origem na deficiência. A agitação, que poderá se manifestar como insônia, inquietação, sono interrompido, rubor na face, discurso desconexo, são algumas manifestações possíveis do desdobramento da deficiência de aspectos *yin* ou *yang* do sistema Shen/Rim afetando o sistema Xin/Coração. Voltamos aqui a afirmar que os nomes que são atribuídos às manifestações são meras convenções, que o mais importante é saber das manifestações e da sua expressão. Se chamamos de medo, raiva, coragem, num certo sentido, não tem muita importância, a não ser para classificá-las.

A deficiência do aspecto mais *yang*, traduzida em movimento, do sistema Shen/Rim poderá acarretar a deficiência do *yang*/movimento do Pi/Baço, pois o sistema Shen/Rim deveria manter um padrão de intensidade de fluxos suficientes para ajudar a nutrir o sistema Pi/Baço no seu processo produtivo.

A relação do sistema Shen/Rim com o Xue/Sangue é a de impregnar de essência/jing pré-celestial, o Xue/Sangue, para que este circule com a característica constitucional, uma certa marca da ancestralidade.

O sistema Shen/Rim participa na produção e no fortalecimento do Wei Qi/Energia de Defesa e do vitalismo, além de nutrir de características constitucionais o processo de construção do Wei Qi.

Certos casos de redução no controle dos esfíncteres podem ser resultante da deficiência do *yang*/movimento do Shen/Rim.

A estagnação, com dor na região lombar, pode ser por deficiência na circulação da essência, que nesses casos poderá se associar com manifestações como dentes fracos e constituição óssea debilitada. A escassez de fluidos corpóreos pode ser proveniente da deficiência de aspectos mais *yin* do sistema Shen/Rim, gerando secura na boca, constipação intestinal devido ao ressecamento das fezes, urina escassa e escura.

No sistema Shen/Rim fica localizada a origem energética singular, o encontro do que herdamos, mais a maneira pessoal de construção de mundo, tanto nos aspectos físicos como nos sutis. Pensar sobre os desdobramentos desse acontecimento também se faz necessário.

A deficiência do *yang*/movimento do sistema Shen/Rim significa debilidade em movimentar a essência.

O Qi do Shen/Rim refere-se ao padrão de produção e funcionamento do sistema, como um medidor do seu ritmo produtivo. Sua deficiência pode acarretar a redução na sua capacidade produtiva, o que poderá expressar inúmeras manifestações, entre elas a perda excessiva, por falta de força e controle, de líquidos tais como urina, suor, esperma.

A respiração ventral, abaixo do umbigo, é uma maneira de fortalecer o Qi do sistema Shen/Rim e, assim, fortalecer o organismo.

O sistema Shen/Rim, como vimos anteriormente, também é o principal ator no processo de impulsionar o crescimento físico, intelectual, emocional, a capacidade de preservar a vida, de reproduzi-la e de enfrentar com um ímpeto mais *yang* (coragem) os desafios, de ter e sustentar a vontade nos empreendimentos.

Sempre que nos referimos ao sistema Shen/Rim, estamos pensando nos aspectos mais *yin* e mais *yang* constitucionais, essenciais do humano.

A vontade é um expressão de uma intensificação de fluxos no sistema Shen/Rim, enquanto o medo diz respeito a uma lentificação de fluxos no mesmo sistema. A vontade, portanto, é mais *yang*, dinâmica, expansiva, o medo é mais *yin*, restritivo, estabelece limites.

Zhi corresponde à produção mais sutil do sistema Shen/Rim, é o seu espírito, derivado, como todos os outros, do Shen/Espírito Universal.

Sua relação com a vida e a preservação desta pode ser compreendida pelo fato de a essência, própria desse sistema, ser a principal responsável no processo de criação de outra vida.

A potência de vida, a força de vontade, a capacidade de sustentar as decisões, a perseverança na realização dos desejos costumam ser expressões sutis da produção desse sistema.

Além disso, a habilidade e coragem de viver os ritos de passagem, da infância para a adolescência, a fase adulta e a velhice, são atributos prioritariamente do sistema Shen/Rim, facilitando as adaptações às novas situações.

As mudanças necessitam fundamentalmente da participação do sistema Shen/Rim. O ímpeto para iniciar processos, a vitalidade para alcançar os objetivos, a força para a realização do caminhar, encontram-se principalmente no sistema Shen/Rim. Esse sistema impulsiona o humano para suas realizações, fortalece a coragem e a vontade de viver, a libido e a potência de agir.

Talvez seja o sistema que mais tenha relação com a preservação do ser. Por isso, as ameaças à vida, nas suas mais variadas formas, tendem a afetá-lo, que irá apresentar manifestações referentes a essas ameaças, e que podemos sintetizar como a produção de humores/vapores que engendram o que conhecemos como receio, medo, pânico nas suas formas e intensidades singulares.

Zhi é o hálito do sistema Shen/Rim, e, como tal, preserva a vida, fortalece a potência de agir, garante a sua reprodução.

RELAÇÃO DOS PRINCIPAIS PONTOS UTILIZADOS NO SISTEMA SHEN/RIM

Yong Quan: fonte borbulhante (1 Rim)
Tai Xi: grande corrente (3 Rim)
Zhao Hai: mar brilhante (6 Rim)
Fu Liu: corrente de retorno (7 Rim)
Zu San Li: três distâncias (36 Estômago)
Guan Yuan: porta da essência vital (4 Ren Mai)
Shu Fu: ponto residência (27 Rim)
Shen Shu: transporte posterior do Rim (23 Bexiga)
Ming Men: porta da vida (4 Du Mai)
Zhi Shi: domicílio da vontade (52 Bexiga)
Cheng Shan: sustentador da montanha (57 Bexiga)
Kun Lun: grande e alto (60 Bexiga)
Wei Zhong: médio suporte (40 Bexiga)

Yong Quan – Fonte Borbulhante – R 1

A Acupuntura serve para facilitar a harmonia rítmica do corpo. Talvez sua principal função seja essa, de equalizar, na necessidade de cada ser, os atributos mais *yin* e mais *yang* que se expressam em movimento/repouso, denso/sutil, Xue/Qi, interno/externo etc.

Auxiliar a resgatar o ritmo e o caminhar no mundo, de forma potente.

O ponto Yong Quan tem a função de abrir um espaço para receber a energia mais *yin* da terra e suas características como: fertilidade, afeto, frescor, concretude na ação, entre outros desdobramentos dos atributos mais *yin*.

Esse ponto abre o canal para a energia *yin* penetrar no organismo e fluir pelo meridiano do Rim.

O significado "fonte borbulhante" remete à origem do *yin* e do *yang* (céu/terra, energia ancestral, óvulo/espermatozoide).

Yong = borbulhar, fluir rapidamente/Quan = uma fonte, uma nascente.

Esse ponto auxilia e dinamiza aspectos mais *yin*, ou seja Xue/Sangue e Jin Ye/Líquidos Orgânicos, a subir e distribuir-se pelo corpo todo.

A função do Yong Quan é ajudar a transformar a sensação de estar perdido, desorientado, incapacitado para realizar projetos, em capacidade concreta de realização. Por vezes são muitos projetos que ficam perdidos no campo da excessiva intensidade, que não se concretizam.

Esse ponto mobiliza a afetividade e os aspectos de característica mais *yin*, portanto, mais densos, substanciais.

Tai Xi: "Grande corrente" R 3

Ponto fonte do sistema Shen/Rim, auxilia a estimular a produção do sistema, no seu caráter global, ou seja, nos aspectos mais *yin*, incluindo a essência, e no mais *yang*, incluindo o movimento.

Zhao Hai: "Mar brilhante" R 6

Fortalece o aspecto mais *yin* (líquidos, xue, afetos) do organismo, umedecendo a superfície corporal. O sistema Fei/ Pulmão é o principal responsável pela pele e tem tendência à secura, necessitando de certa hidratação, inclusive para que o Qi/Sopro Vital, por ele captado, possa circular com plenitude.

Nesse sentido, o ponto Zhao Hai (R 6) ajuda a circular os aspectos mais *yin*, de um modo geral, melhorando a secura da pele, pés, mãos, cabelo e vias aéreas superiores.

Auxilia a aliviar a constipação intestinal, quando produzida pela deficiência do *yin*/líquidos do sistema Shen/Rim, e também a secura e aridez dos afetos, que pode acarretar uma atitude excessivamente defensiva.

Acalma a intensidade de fluxos, colocando mais *yin*/densidade/umidade, que acarreta excesso de *yang*/movimento, com diversas consequências, inclusive a deficiência de *yin*, pois tende a consumir a essência substancial.

Fu Liu: "Corrente de retorno" R 7

Fortalece o aspecto mais *yang*/movimento do sistema Shen/ Rim. Isso significa dizer que estimula a intensificação dos fluxos produzidos pelo sistema, auxiliando na melhora das transformações, do movimento de mudança e todos os desdobramentos que esse processo pode ensejar.

Zu San Li: "Três distâncias" E 36

Ponto de força que estimula o aspecto mais *yang* no Jiao Médio (aquecedor médio), melhorando, consequentemente, a capacidade de absorção/transformação/distribuição da energia pós-celestial, que são funções próprias desse sistema.

Isso acarreta maior dinâmica e vitalidade geral do organismo, sendo um ponto suporte para dar consistência à produção do sistema Shen/Rim.

Guan Yuan: "Porta da Essência Vital" VC 4

Esse ponto está ligado diretamente ao sistema Shen/Rim, porém, especialmente à essência, nos desdobramentos que compreendem a vitalidade, fertilidade, crescimento, desenvolvimento, tanto no aspecto mais denso como no sutil.

Shu Fu: "Ponto Residência Central" R 27

Esse ponto auxilia a dinamizar os fluxos no Jiao Superior/Aquecedor Superior, reduzindo as estagnações e liberando as trocas energéticas na via das águas.

Shen SHu: "Transporte Posterior do Rim" B 23

Ponto de assentimento do sistema Shen/Rim, dinamiza e melhora tanto os aspectos mais *yin* como os mais *yang* do sistema.

É um dos principais pontos para estimular o conjunto de atribuições desse sistema. O ponto Shen Shu (B 23) ajuda a nutrir os outros sistemas, atua nos aspectos mais densos e nos mais sutis do sistema Shen/Rim (essência + fogo vital).

Ming Men – Porta do Destino – VG 4

Localizado no Vaso Maravilhoso Du Mai, também conhecido como Vaso Governador, na altura do ponto de assentimento do Shen/Rim, caracteriza-se por seu aspecto mais *yang*, intensivo, movimento na construção de caminhos de vida.

Fortalece a dinâmica mais *yang*, impulsionando a realizar o caminhar. Diante de um conflito, no momento de escolhas, de decisões, com opções delicadas e determinantes, a utilização do ponto Ming Men pode ajudar na tomada de decisão.

O sistema Shen/Rim armazena o Jing/Essência, o qual tem como característica a substância relacionada à ancestralidade. O ponto Ming Men, por sua característica mais *yang*, dinamiza a circulação da essência.

O ponto Ming Men é muito eficaz, tanto para o homem quanto para a mulher, no fortalecimento da potência reprodutora. Fortalece os aspectos mais *yang* do organismo e, especialmente, o *yang* do sistema Shen/Rim, responsável por colocar a essência em movimento, colocar o Jing em circulação.

O ponto Ming Men fortalece a expressão da força de vontade, o desejo pela vida, a libido.

Zhi Shi: "Domicílio da Vontade" B 52

Esse ponto tem atuação nos processos relacionados à vida, na sua expressão mais forte. Sua ação sutil enseja não só uma capacidade de adaptação às mudanças, como auxilia na promoção das mudanças, fortalecendo aspectos mais *yang* do corpo, que intensificam os fluxos, melhorando a produção do sistema, engendrando *yang* para estar na vida. Esse *yang* pode ser traduzido como a intensificação na produção e distribuição de fluxos pelo organismo que poderá ensejar o que conhecemos como coragem, força de vontade, capacidade de realização. Fortalece a potência de agir, reduzindo manifestações de lentificação de fluxos, denominadas de medo crônico paralisante, insegurança excessiva, indecisão e impotência na vida.

Cheng Shan: "Sustentador da Montanha" B 57

Nesse caso, o nome do ponto já indica a sua função. É um ponto de força, utilizado para deficiência dos aspectos mais *yang*, especialmente dos membros inferiores.

Combinado com o ponto Shen Shu (B 23), ajuda a fortalecer a parte baixa do corpo. Ajuda a sustentar e nutrir tanto a região lombar como as manifestações do sistema Shen/Rim, que necessitam de força para sua produção.

Ku Lun: "Montanha: Grande e Alto" B 60

Auxilia no fortalecimento o Wei Qi/Energia de Defesa, estimulando o organismo a produzir líquidos orgânicos (hormônios) com características analgésicas, aliviando estagnações de fluxos que se desdobram em dores.

Wei Zhong: "Médio Suporte" B 40

Estimula a circulação de fluxos para a região lombar, aliviando e reduzindo lentificações/estagnação com dor nessa região, além de atuar fortalecendo os aspectos mais *yang* dos membros inferiores.

SISTEMA PI/BAÇO

O sistema Pi/Baço é o mais implicado com a constituição da forma, a estrutura, a materialidade, a substancialidade corporal adquirida através do processamento e transformação de alimentos, sólidos e líquidos.

Nesse sentido, suas atribuições se desdobram na transformação de nutrientes que irão engendrar Xue/Sangue e que serão constitutivos da organização física corporal. Além disso, suas atribuições dizem respeito à nutrição das necessidades orgânicas, inclusive a nutrição mais sutil, de afetos.

De um lado, a nutrição corporal (Xue/Sangue) e de outro o humoral (suporte afetivo).

A capacidade de construção do que conhecemos como pensamento claro está relacionado diretamente com esse sistema por conta da qualidade e quantidade daquilo que irá se transformar em Xue/Sangue, e que, em circulação pelo organismo, irriga-o, carreando nutrientes e qi/sopro vital para os diversos sistemas.

A disfunção desse sistema pode se revelar como deficiências e carências nutricionais, em todos os aspectos, e com vários desdobramentos. Poderíamos pensar numa deficiência de aspectos mais *yin* e mais *yang* que se desdobrariam em deficiência de materialidade e de movimento, produção. Manifestações conhecidas como, fraqueza, fadiga, desânimo e sentimento de abandono podem ser alguns desdobramentos da deficiência desse sistema.

O sistema Pi/Baço é o sistema mais importante na transformação das relações no mundo. É o protagonista no que diz respeito ao transporte dos nutrientes extraídos da transformação dos alimentos e líquidos, produzindo Jin Ye/Líquidos Orgânicos e Xue/Sangue.

Por conta dessas atribuições funcionais no organismo podemos pensar inúmeras atribuições desse sistema como ajuda a manter os órgãos em seus devidos lugares, através da absorção dos aspectos mais *yang*/movimento dos alimentos colocados no Xue/Sangue.

É um sistema que tende à deficiência dos seus aspectos mais *yang*/movimento, devido ao conteúdo excessivamente *yin*/alimentos/líquidos, com o qual lida.

Nos casos de deficiência constitucional dos aspectos mais *yang* desse sistema, é comum ocorrer situações com pouca sustentação, inclusive com relação à postura corporal. Além disso, devido a sua implicação direta com a nutrição, quando o sistema estiver deficiente, pode se manifestar também expressões mais sutis/humorais de carências generalizadas.

O pensamento é fixo com pouca circulação e renovação, devido à deficiência de movimento/*yang*, assim como existe uma tendência ao que poderíamos considerar como excesso de apego, devido a essa mesma deficiência com relação à nutrição em geral.

Através do Yi, o hálito próprio do sistema Pi/Baço, esse sistema promove absorções, transformações e distribuições, a partir da captação dos aspectos mais *yin*, adquiridos através da transformação dos alimentos, líquidos e sólidos, como mencionamos anteriormente.

Principal responsável pelos processos de construir e transformar, estruturar, solidificar, nutrir, alimentar a organização corporal, incessantemente.

O Pi/Baço nutre, nos diversos aspectos, o organismo. No aspecto mais denso (mais *yin*), nutre a partir da transformação e distribuição de alimentos e líquidos, assim como no campo sutil (mais *yang*) irá nutrir de ideias, intuição, *insights*, através da qualidade do Xue/Sangue, que alimenta e fornece materialidade (mais *yin*) ao Shen/Mente.

Nutrição do sistema Xin/Coração com o Xue/Sangue que tende a se desdobrar em nutrição de afetos, desejos, acarretando uma sensação de possível bem-estar, de sentir-se nutrido em todas as necessidades.

Expressões de carência, apego e egoísmo podem estar relacionadas com o medo de não ser nutrido, ou a lembrança da falta de nutrição, que não foi devidamente elaborada.

Atitudes de agregar coisas de forma excessiva, em geral, dizem respeito às deficiências desse sistema.

Falta de contato e incapacidade de nutrir o outro também podem ter nesse sistema a sua principal origem.

De outra forma, a nutrição através do Xue/Sangue, e toda a sua potencialidade, dizem respeito à renovação, clareza da mente, produção de ideias, concretização dessas ideias, ao raciocínio lógico, coerente, claro e limpo.

RELAÇÃO DOS PRINCIPAIS PONTOS PARA O SISTEMA PI

Yin Bai: Branco Escondido (1 Baço)
Tai Bai: Branco Supremo (3 Baço)
San Yin Jiao: Reunião dos três *yin* (6 Baço)
Feng Long: Grande e Abundante (40 Estômago)

Xue Hai: Mar de Sangue (10 Baço)
Zu San Li: Três Distâncias (36 Estômago)
Qi Hai: Mar do Qi (6 Ren Mai)
Zhong Wan: Meio do Epigástrio (12 Ren Mai)
Pi Shu: Transporte posterior do Baço (20 Bexiga)
Yi She: Residência do pensamento (49 Bexiga)
Wei Shu: Transporte posterior do estômago (21 Bexiga)
Ge Shu: Transporte posterior do diafragma (17 Bexiga)
Shen Shu: Transporte posterior do rim (23 Bexiga)
Tai Yuan: Poço profundo (9 Pulmão)
Bai Hui: Centenas de encontros (20 Du Mai)

Tai Bai – Grande Branco – BP 3

Ponto fonte do sistema Pi/Baço, utilizado para intensificar os fluxos e, consequentemente, dispersar o excesso de aspectos mais *yin*/materialidade conhecido como fleuma. O ponto Tai Bai atua no aspecto mais sutil do sistema Pi/Baço, que tem como função, a partir da sua organização interna, absorver, transformar, digerir e distribuir.

Em alguns casos, verifica-se uma deficiência dessas funções no aspecto mais sutil, que leva à deficiência no processo de nutrição, transformação e distribuição de afetos, sentimentos, humores.

Ainda nas suas manifestações de deficiência, podemos verificar a necessidade exacerbada de acumular, controlar.

A pessoa com deficiência nesse sistema tende a apresentar características de solicitar atenção, afeto, costuma ser queixosa, carente, controladora, com dificuldades em transformar, digerir e distribuir.

A ideia fixa, a necessidade de controlar todo o tempo, são expressões desse sistema em desarmonia.

O ponto Tai Bai atua auxiliando nos aspectos mais *yang*/movimento do sistema, facilitando a produção de movimento e de fluxos que poderão acarretar renovação, fazendo circular a estagnação e, consequentemente, diminuir a viscosidade, aquilo que engendra apego excessivo.

O organismo precisa de oxigênio e sangue, o sistema Pi/Baço é o principal responsável pela produção de Xue/Sangue, que auxilia a renovar a mente e organizar o pensamento. Esse ponto auxilia a melhorar a capacidade de produção mais sutil do sistema Pi/Baço.

San Yin Jiao – Três Encontros Yin –BP 6

Esse ponto atua dinamizando os fluxos relativos ao Jiao Inferior (aquecedor inferior) e tem características de reduzir a estagnação de Xue/Sangue, que acarreta dor nesta região, especialmente na mulher.

Ajuda a fortalecer os aspectos mais *yin* do sistema Pi/Baço, no seu aspecto sutil, ou seja, na capacidade de nutrição, acolhimento, maternagem.

Ajuda a transformar e dispersar o excesso de *yin*/substâncias no Jiao Inferior/Aquecedor Inferior, que pode se transformar em muco vaginal.

Ponto de encontro dos três meridianos *yin* da parte inferior do corpo, ajuda a movimentar o Xue/Sangue do Gan/Fígado, nutre de *yang*/movimento o sistema Shen/Rim e auxilia na dispersão do excesso de *yin*/umidade nesse sistema.

A deficiência do *yang*/movimento do sistema Pi/Baço, manifestação muito comum, pode acarretar estagnação e deficiência de aspectos mais *yin*/líquidos orgânicos e Xue/Sangue necessários ao sistema Gan/Fígado.

Yin Bai: "Branco Escondido" BP 1

Esse ponto tem a função específica de ajudar a fortalecer os aspectos mais *yang* do sistema Pi/Baço, ou seja, sua produtividade. Nesse sentido, dinamiza o movimento tanto no canal como intensifica a produção referente ao sistema, na sua globalidade.

Por isso, entre outras possibilidades, ajuda a manter o Xue/Sangue nos Xue Mai (vasos sanguíneos), sendo, portanto, importante nos processos de deficiência dos aspectos mais *yang* ligados ao sistema Pi/Baço como, por exemplo, extravasamento de Xue (hemorragias). A redução no movimento da produção de fluxos tende a gerar estagnação e, consequentemente, calor, provocando extravasamento do Xue/Sangue, pois o vaso não tem força para contê-lo. Este ponto dinamiza os fluxos lentificados, melhorando os processos de estagnação, reduzindo a hemorragia.

Feng Long: "Grande e abundante" E 40

Este é considerado o ponto mais eficaz para dinamizar o movimento/*yang* do sistema Pi/Baço e atuar especialmente na dispersão e redução do excesso de aspectos mais *yin* no organismo, como a fleuma, que se apresenta como muco, secreção densa, devido a condensação de líquidos, que é um processo de mais materialidade, portanto, mais *yin*.

Atua no sistema Fei/Pulmão, auxiliando esse a melhorar a sua produtividade, dar movimento e dispersar o excesso e a estagnação de *yin*/fleuma na região torácica, a expectorar e melhorar a captação de Qi/Sopro Vital, fortalecendo a potência de vida.

Xue Hai: "Mar de sangue" BP 10

É um ponto que atua na dinamização do movimento/*yang* do sistema Pi/Baço, ou seja, o seu estímulo tende a ativar, dinamizar fluxos que ativam a sua produção. Assim, ajuda a dispersar a estagnação de aspectos mais *yin* como o Xue/Sangue no Jiao Inferior/Aquecedor Inferior, tanto em função da lentificação de fluxos nessa região, que acarreta a deficiência do *yang*/movimento do sistema Pi/Baço, como da estagnação de *yin*/*xue*/sangue no sistema Gan/Fígado.

Manifestações como dores pré-menstruais e menstruação com coágulo podem ser desdobramentos desse processo de lentificação, estagnação e deficiência de *yang*/movimento no Jiao Inferior/Aquecedor Inferior.

Zu San Li: "Três distâncias" E 36

É considerado um dos pontos que mais ativa o movimento/*yang* em todo o organismo. Ligado ao Jiao Médio/Aquecedor Médio, esse ponto estimula os aspectos mais *yang* do sistema Pi/Baço e do sistema Wei/Estômago, ou seja, ativa o seu processo de produção.

Por isso, melhora a qualidade da produção e circulação do Xue/Sangue e do Qi/Sopro Vital ou melhor, movimenta a produção do sistema Pi/Baço, que tem funções de melhorar a nutrição, aumentando a capacidade de absorção dos nutrientes ingeridos (líquidos e sólidos) para que a produção de Xue/Sangue tenha mais qualidade.

Qi Hai: "Mar de Qi" VC 6

Ajuda a dinamizar o movimento/*yang* de um modo geral e especialmente do sistema Pi/Baço. É um ponto de força que atua no aspecto mais sutil, fortalecendo os aspectos ligados à potência de vida e à capacidade de realização.

Shen Que – Palácio da Mente – VC 8

É proibido o uso de agulha nesse ponto. O ponto Shen Que tem características importantes no auxílio a manifestações que refletem deficiências, carências nutricionais em todos os sentidos, principalmente ligadas à vida uterina e à infância. Este ponto melhora e auxilia as manifestações de aspectos referentes especialmente à deficiência de nutrição materna, alimentar ou afetiva.

O procedimento deve ser realizado com a utilização de bastão de moxa na cavidade umbilical, aquecendo o ponto, o que irá facilitar o fortalecimento do contato com a capacidade de autonutrição, existente em cada ser.

Auxilia na nutrição, melhorando a absorção do alimento e revigorando o organismo.

Zhong Wan: "Meio do epigástrio" VC 12

Esse é um dos pontos mais eficazes para melhorar manifestações de desarmonia no Jiao Médio/Aquecedor Médio, auxiliando-o, com muita eficácia, nas funções de absorção/transformação/distribuição de líquidos, substâncias, e, no aspecto mais sutil, o pensamento.

Nei Guan: "Portal interno" PC 6

Esse ponto tem características de acalmar e clarear a mente porque estimula a produção de fluxos que dispersam o excesso de *yin* que se expressa na fleuma. Nesse sentido, movimenta a produção no Jiao Médio/Aquecedor Médio.

A sua utilização engendra uma intensificação nos fluxos direcionados ao Jiao Médio/Aquecedor Médio, melhorando a produção e a circulação do Xue/Sangue no Jiao Médio e Inferior. Desta forma é considerado mais eficaz para a mulher, uma vez que estruturalmente a mulher é mais *yin*, e sua ligação com o Xue/Sangue mais intensa.

O ponto Nei Guan auxilia a dinamizar a produção no Jiao Médio/Aquecedor Médio e este melhora a transformação dos líquidos orgânicos e dos alimentos em Xue/Sangue, quando o Xue/Sangue se movimenta, circula melhor, a Mente/Shen, muito *yang*, ganha densidade, fica abrigada e o ritmo produtivo se estabiliza, acarretando o que conhecemos como calma e seus desdobramentos.

Pi Shu: "Transporte posterior do Baço" B 20

O ponto Pi Shu está ligado às questões mais densas do sistema Pi/Baço, tais como o movimento, a absorção e a transformação de substâncias oriundas dos líquidos e dos alimentos.

Esse ponto pode ser utilizado no início do tratamento, quando é necessário primeiro sair de uma certa lentidão nos fluxos, gerada inclusive por uma tendência constitucional e cultural de reter um excesso de substâncias/*yin* no sistema mencionado. Necessita, portanto, de mais intensidade na produção de fluxos para dar conta, de forma mais plena, das suas atribuições.

Poderíamos dizer, para se fortalecer, ganhar dinâmica e melhorar a absorção de nutrientes, assim como a transformação e distribuição.

Yi Shi – Abrigo do Pensamento – B 49

Esse ponto atua no aspecto mais sutil do sistema Pi/Baço. Apesar desse sistema ter uma função mais densa, pelas suas características de transformar o material, no Jiao Médio/Aquecedor Médio (alimentos, líquidos), nos seus aspectos mais sutis, ele tem funções de ajudar a transformar as manifestações de estagnações, como as ideias estagnadas, apegos, pensamentos que não conseguem ser elaborados e não circulam.

O sistema Pi/Baço organiza a estrutura corporal, e sua desarmonia funcional pode acarretar um excesso de fixação da materialidade.

O ponto Yi Shi pode produzir uma ativação no aspecto mais sutil do sistema Pi/Baço e, consequentemente, ajudar a elaborar melhor as questões e permitir que essas se desprendam, ganhem movimento. Auxilia a colocar em curso as mudanças, porque sua ativação promove o movimento interno.

Wei Shu: "Transporte posterior do Estômago" B 21

Esse ponto é geralmente utilizado em combinação com o Pi Shu (B 20), e tem como principal função estimular a direção do Qi do Wei/Estômago em descendência e movimentar o Qi/Potência Vital do sistema Pi/Baço.

Ajuda o sistema a transportar e a transformar os alimentos e fluidos, e os desdobramentos inerentes a esse processo de mudança. É um ponto que atua direto no Jiao Médio/Aquecedor Médio e que melhora a produção nessa região, melhorando as funções relativas aos sistemas Pi/Baço e Wei/Estômago.

Ge Shu: "Transporte posterior do diafragma" B 17

Auxilia no fortalecimento da produção e do movimento/*yang* do Jiao Médio/Aquecedor Médio, o que resulta especificamente na melhoria da qualidade da produção de Xue/Sangue e nos desdobramentos orgânicos desse processo.

Assim, irá auxiliar nos processo de transformação, nutrição e distribuição do Xue/Sangue e do Jin Ye (líquidos orgânicos), engendrando mais vitalidade, força de trabalho, pensamento lógico e capacidade de organizar e estruturar a vida.

Shen Shu: "Transporte posterior do Rim" B 23

Este ponto dá suporte ao sistema Pi/Baço, pois é o sistema Shen/Rim que fornece parte do *yang*/movimento original, compreendido como a capacidade produtiva própria de cada organismo.

Tai Yuan: "Poço profundo" P 9

Ponto fonte do sistema Fei/Pulmão, é um dos principais responsáveis pela dinamização de fluxos e da produção e movimento desse sistema e do organismo em geral, ou seja, da captação e movimentação do Qi/Sopro Vital.

Quando há relato de retenção e deficiência na circulação de Qi/Sopro Vital, que pode se expressar como cansaço, palidez, sensação exagerada de frio, referidas à deficiência do sistema Pi/Baço, pode ser utilizado o ponto Tai Yuan para reforçar a produção do sistema Pi/Baço e reduzir as prováveis estagnações.

É um ponto muito eficaz para auxiliar as funções do sistema Pi/Baço, posto que esse sistema se encontra na maioria das vezes com deficiência de movimento/*yang*.

Bai Hui: "Centenas de encontros" VG 20

Esse ponto tem uma dupla função, ou seja, harmonizar o excesso de movimento/*yang* da cabeça, numa relação mais interna, e pode também aumentar a intensidade dos fluxos nessa região, possibilitando as trocas necessárias e a devida dispersão dos excessos substanciais nessa área (*yin*).

SISTEMA GAN/FÍGADO

Que personagem vocês quereriam ter sido? E gostariam de ter vivido em que época? E se fosse uma planta, ou uma paisagem? Mas tudo isso vocês já são, só se enganam nas respostas.

(Deleuze)

O sistema Gan/Fígado é o principal responsável pelo armazenamento e distribuição harmônica dos aspectos mais *yin* conhecidos como Xue/Sangue, e do Qi/Sopro Vital por todo o organismo. Nos momentos de repouso do corpo, esse sistema tende a repor e acumular Xue/Sangue, o que o permite, no movimento corporal, nutrir músculos e tendões. Os movimentos corporais, na sua mobilidade, expressam a regularidade do sistema Gan/Fígado.

Os órgãos *yin*, devido à maior complexidade de atribuições, têm como característica um movimento mais lento, se comparados às vísceras mais *yang*. Assim, o sistema Gan/Fígado tende à estagnação por excesso de substâncias acumuladas e pelo tipo de alimentação usualmente utilizada, especialmente por armazenar o Xue/Sangue, produto da transformação feita pelo sistema Pi/

Baço. A retenção excessiva de aspectos mais *yin*, como a umidade, também é uma característica desse sistema, assim como do sistema Pi/Baço, o que acarreta mais peso e consequente dificuldade de movimento.

Nos aspectos mais sutis, como já vimos, o sistema Gan/Fígado é o principal responsável pela circulação e distribuição harmônica do Qi/Sopro Vital e do Xue/Sangue, e os desdobramentos naturais que esse processo engendra. O fluir, sob todos os aspectos, está diretamente ligado ao sistema Gan/Fígado.

Os movimentos de caminhar no mundo, orientados pelo que se convencionou chamar de intuição, dizem respeito às funções desse sistema, assim como o planejamento, oriundo do contato mais profundo com as necessidades do ser. Quando o Qi/Sopro Vital flui em harmonia, produzido pelo sistema Gan/Fígado, a escuta interior se manifesta através da intuição e da criatividade, próprios desse sistema.

A deficiência ou estagnação no sistema Gan/Fígado gera enrijecimento dos canais tendinomusculares e de toda a estrutura corporal, devido à redução na nutrição de Xue/Sangue nesses canais.

A deficiência de Xue/Sangue, aspecto mais *yin*, gera exacerbação do *yang*/movimento/calor do sistema Gan/Fígado produzindo calor, e na sequência, aquilo que é conhecido como o fogo do sistema Gan/Fígado ascende para a parte superior do corpo, com manifestações sensíveis tais como olhos vermelhos e/ou secos, estagnação com dores na cabeça, gosto amargo na boca, queimação ou sensação de bolo na garganta, devido a alguns sinais do desregramento e interrupções na circulação do Qi/Sopro Vital.

Os suspiros são manifestações clássicas do sistema Gan/Fígado em desarmonia que, invadindo o sistema Fei/Pulmão, com excesso de fluxos, acarreta dificuldade na respiração.

O refluxo sinaliza para uma situação de desarmonia no sistema Gan/Fígado, que tende a enviar fluxos intensos que invadem e aumentam a intensidade no Jiao Médio/Aquecedor Médio, principalmente nos sistemas Pi/Baço e no Wei/Estômago.

Manifestações mais sutis, como certos humores estagnados, produzindo calor, gerando exacerbação da intensidade dos fluxos do sistema, provocando irregularidade na circulação do Qi/Sopro Vital, gerando atitudes bruscas, rompantes, irritabilidade, impaciência, frustração, agressividade, raiva, que são todas manifestações graduais, oriundas da perda do contato com a intuição, no planejamento natural da vida.

As unhas são consideradas extensão dos tendões. Quando estas se apresentarem fracas, sem brilho, duras ou muito moles, alteradas de um modo geral, esses sinais podem indicar desarmonia na produção do sistema Gan/Fígado.

A deficiência nas funções do Gan/Fígado também pode gerar manifestações mais sutis como a insegurança, timidez, indecisão, falta de intuição e criatividade, oriundas de planejamentos malfeitos, decorrentes da perda do padrão de circulação do Qi/Sopro Vital e da perda do contato com o aspecto mais sutil relativo a esse sistema.

A deficiência de Xue/Sangue no Gan/Fígado acarretará pouco Xue/Sangue durante a menstruação, chegando a processos extremos de falta total de fluxo menstrual e estagnação de Qi/Sopro Vital e Xue/Sangue, se desdobrando em nódulos no organismo e especialmente nas mamas, útero e ovários, locais de passagem do canal do Gan/Fígado.

Os projetos e planejamentos que não têm como origem o contato com as necessidades mais reais do organismo tendem a não se realizar, gerando expressões sutis de frustração, raiva e impaciência, como vimos anteriormente.

O silêncio da meditação, levando ao contato mais interno, e os exercícios respiratórios, são a base do tratamento para esse sistema, buscando captar e circular o Qi/Sopro Vital e o Xue/Sangue, despertando a intuição.

A necessária distribuição de fluxos nos verbos da vida, o planejamento, tanto orgânico como vivencial, dizem respeito, prioritariamente, à capacidade do sistema Gan/Fígado no desempenho das suas atribuições densas e sutis.

As realizações construídas a partir do desdobramento natural da circulação e distribuição de Qi/Sopro vital e Xue/Sangue dão origem à manifestações criativas e intuitivas, que acarretam bons encontros, e dizem respeito àquilo que flui como um rio, seguindo o curso natural.

O conforto corporal, a flexibilidade ao caminhar, assim como a flexibilidade para lidar com as situações que são construídas no mundo, dizem respeito prioritariamente ao sistema Gan/Fígado, na sua totalidade funcional.

Essas são apenas algumas possíveis manifestações na produção constante do sistema Gan/Fígado quando da sua perda de ritmo funcional.

Inúmeras outras manifestações podem ocorrer, principalmente em função das incontáveis interações desse sistema com os outros sistemas e que, voltamos a afirmar, transforma essas manifestações em algo sempre único, singular, que se diferencia a cada momento, com graus de intensidade variada.

As manifestações chamadas de "fogo vazio" do sistema Gan/Fígado é a expressão da sua produção sutil desarmônica, e que se atualiza através de algo, toma forma inicialmente como um vapor quente que, no seu desenvolvimento, tende a se manifestar como o que conhecemos usualmente como raiva, ressentimento, agressividade. Essa é uma das maneiras da expressão sutil tomar forma, ela danifica algo internamente, ou se expressa como um vapor quente (raiva) que ascende.

O fogo vazio, aquele que se expressa por falta de aspectos mais *yin*/substâncias, pode dirigir-se para o aquecedor médio e comprometer as funções dos sistemas Pi/Baço, Wei/Estômago, ou continuar subindo, alcançar o sistema Fei/Pulmão, secar seus líquidos e desencadear manifestações humorais que se expressam como a lentificação dos fluxos, redução da intensidade do movimento, também conhecido como tristeza, melancolia, depressão.

Através de exercícios como o Chi Kun, que retomam o movimento de captação do Sopro Vital, desestagnando e colocando em circulação o que tem por natureza fluir, o organismo pode recuperar a condição de buscar a sua potência de estar no mundo.

No que diz respeito à Acupuntura, a sugestão é a de utilizar pontos do sistema Fei/Pulmão para intensificar a captação do Qi/Sopro Vital e, consequentemente, intensificar a dinâmica de fluxos no organismo. Fazer circular, pois o sistema Gan/Fígado tende a estagnar calor e umidade, por conta do tipo de substâncias que lida diretamente (líquidos e nutrientes).

RELAÇÃO DOS PRINCIPAIS PONTOS PARA O SISTEMA GAN/FÍGADO

Da Dun: Grande Monte (1 Fígado)

Xing Jian: Passagem Entre (2 Fígado)

Tai Chong: Grande Escoador (3 Fígado)

Li Gou: Fossa da Cuia (5 Fígado)

Zhao Hai: Mar Brilhante (6 Rim)

Yang Ling Quan: *Yang* Nascente da Colina (34 Vesícula Biliar)

Qi Men: Portal Cíclico (14 Fígado)

Jian Jing: Poço do Ombro (21 Vesícula Biliar)

Nei Guan: Portal Interno (6 Pericárdio)

Gan Shu: Transporte Posterior do Fígado (18 Bexiga)

Hum Men: Porta da Alma Etérea (47 Bexiga)

Bai Hui: Centenas de Encontros (20 Du Mai)

Yin Tang: Hall da Mente

Da Dun: "Grande monte" F 1

Atua auxiliando a reduzir os fluxos intensivos produzidos pelo fogo vazio do sistema Gan/Fígado, que podem acarretar, entre outras manifestações, o extravasamento do Xue/Sangue.

Xing Jian – Intermediário Temporário – F 2

O sistema Gan/Fígado é o principal responsável na distribuição e circulação do Qi/Sopro Vital, além de armazenar e distribuir o Xue/Sangue.

No âmbito mais sutil, e por conta dessa característica de orientar e planejar a circulação de Qi/Sopro Vital, tende a ser eficaz também no planejamento das coisas da vida.

A utilização do ponto Xing Jian ajuda a suavizar o caráter agressivo e hostil que ocorre por conta da deficiência de aspectos mais *yin* (Xue/Sangue e Jin Ye/Líquidos Orgânicos) no sistema Gan/Fígado.

O rompante, as condutas violentas, estão ligadas ao fogo do fígado, produzidas a partir da intensificação de fluxos nesse sistema. Assim como a intuição e a criatividade seriam a expressão de um bom funcionamento desse sistema. Esse ponto auxilia na expressão desses últimos atributos.

Tai Chong: "Grande escoador" F 3

Ponto fonte do sistema Gan/Fígado, caracteriza-se por harmonizar o ritmo produtivo do sistema fazendo circular o Qi/Sopro Vital e o Xue/Sangue em todos os sentidos. Um ponto extremamente eficaz e necessário numa sociedade excessivamente *yang*/agressiva.

Li Gou: "Fossa da cuia" F 5

É um ponto que atua intensificando a produção de fluxos no sistema. Nesse sentido auxilia na circulação do Qi/Sopro Vital e Xue/Sangue na área da genitália, uma vez que o canal relacionado a esse sistema tem como trajeto essa região. Auxilia a reduzir manifestações como calor, prurido, queimação, edema, dor, dificuldade de ereção por deficiência de aspectos mais *yin* como Xue/Sangue e o Jin Ye/Líquidos Orgânicos.

Ponto de interconexão do canal integrante do sistema Gan/Fígado. Daí sai uma ramificação interna e um ramo divergente do meridiano que atravessam a genitália.

Zhao Hai: "Mar brilhante" R 6

Ponto muito utilizado para dinamizar os aspectos mais *yin*/líquidos orgânicos do organismo e, consequentemente, auxiliar a refrescar, nutrir e hidratar. Os aspectos mais *yin* do sistema Shen/Rim nutrem os aspectos mais *yin*/líquidos orgânicos do sistema Gan/Fígado e ajudam a umedecer os olhos e a garganta, regiões por onde passa o trajeto do canal do sistema Gan/Fígado. Umedece e refresca o sistema e o organismo em geral.

Yang Ling Quan: "Nascente da colina" VB 34

Esse ponto ajuda a intensificar a produção de fluxos direcionados para a parte mais externa do corpo e especialmente para os membros inferiores, aumentando a força/movimento. Tem boa atuação em manifestações com características de excesso de *yin*/substâncias que se expressam na lentificação de fluxos. Nesse sentido, auxilia nas manifestações do tipo sequela de acidente vascular cerebral, com deficiência de *yang*/movimento, acarretando redução de movimento/hemiplegia. A utilização desse ponto é muito eficaz para auxiliar a normalização de fluxos produzidos pelo sistema e consequentemente liberar a tensão muscular de todo o corpo. É utilizado em combinação com outros pontos para uma atuação mais externa, nos canais tendinomusculares.

Qi Men: "Portal cíclico" F 14

O ponto Qi Men é o último ponto do canal do sistema Gan/Fígado. Esse ponto atua intensificando a produção de fluxos no sistema, o que reduz a estagnação do Qi/Sopro Vital e Xue/Sangue, que pode gerar nódulos de maneira geral, e, em especial, os de mama (excesso de *yin*, condensação de substâncias), por conta do trajeto do canal do sistema passar nessa região.

É utilizado para dispersar a estagnação, que gera situações conhecidas como displasia mamária, servindo ainda para aumentar a lactação, pois nutre essa região, facilitando o aporte de Qi/Sopro Vital e Xue/Sangue. Por conta da função local, esse ponto atua no tórax, no hipocôndrio, desestagnando e liberando fluxos, o que poderá reduzir dores e desconfortos locais.

Jian Jing: "Poço do ombro" VB 21

Esse ponto é utilizado para auxiliar a circular o Qi/Sopro Vital e o Xue/Sangue pelo corpo e consequentemente relaxar a musculatura, especialmente do ombro e região cervical, pois está próximo da sua localização. Utilizado em combinação com outros pontos, como o *Yang* Liang Quan (VB 34), pode servir para intensificar a produção do sistema, melhorar e movimentar mais fluxos e, consequentemente, produzir nutrição de Xue/Sangue e relaxamento da musculatura.

Nei Guan: "Portal Interno" PC 6

Esse ponto auxilia a intensificar a produção de fluxos do sistema e direcioná-los para o Jiao Médio/Aquecedor Médio, o que poderá reduzir estagnações de Xue/Sangue e melhorar o aporte de substâncias mais *yin* para o sistema Xin/Coração.

Combinado com o canal do Gan/Fígado, o canal do Pericárdio forma o canal unitário Jue *Yin*. A utilização dos pontos Tai Chong (F 3) + Nei Guan (PC 6) potencializa o estímulo, amplia a área de atuação, movimenta os fluxos e auxilia a retirar a estagnação do sistema Gan/Fígado, no Jiao Médio/Aquecedor Médio, favorecendo o equilíbrio desse sistema. Nesse sentido poderá acarretar uma atitude mais intuitiva, serena e tranquila, devido a sua atuação na circulação de Xue/Sangue e Qi/Sopro Vital.

Gan Shu: "Transporte Posterior do Fígado" B 18

É utilizado para dinamizar a circulação de Qi/Sopro Vital e Xue/Sangue no sistema Gan/Fígado. Em geral o sistema tende à estagnação, devido às funções auxiliares no processo de transformação dos alimentos e líquidos. A utilização desse ponto, combinado com o Ge Shu (B 17), auxilia na dinamização dos fluxos direcionados ao sistema, nutrindo e harmonizando tanto os aspectos mais *yin* quanto os mais *yang*.

Hun Men: "Porta do Espírito Hun" B 47

Auxilia na mobilização de energia relacionada às manifestações sutis (emocionais) do sistema Gan/Fígado. Isso implica processos de estagnação que geram humores/vapores de calor, engendrando desarmonias no livre fluir da circulação do Qi/Sopro Vital e do Xue/Sangue, acarretando manifestações de irregularidade na circulação dos fluxos que poderão se expressar como irritabilidade, rompantes, agressividade, gritos e processos violentos de descontrole. Além disso, o sistema Gan/Fígado, nos seus aspectos sutis, atua facilitando o contato com intuição, a criatividade no planejamento da vida cotidiana, gerando projetos adequados ao caminhar.

Bai Hui: "Centenas de encontros" VG 20

O trajeto do canal do sistema Gan/Fígado atinge a parte superior do corpo, chegando, internamente, nesse ponto. O ponto auxilia a dispersar o excesso de fluxos/*yang* do sistema Gan/Fígado que, devido ao seu trajeto, tende a se concentrar na parte superior do corpo.

Yin Tang: "Hall da mente"
ponto extra entre as sobrancelhas

Esse ponto tem a função principal de promover a movimentação e direcionar fluxos para aspectos mais internos do humano. Isso pode significar um contato mais efetivo com o que conhecemos como intuição e criatividade. Além disso, é muito eficaz para acalmar e distribuir o excesso de fluxos intensivos na região da cabeça. Por vezes, o sistema Gan/Fígado, em desarmonia, provoca essas manifestações que ascendem para a parte superior do corpo. A utilização desse ponto, associado a outros pontos ligados ao sistema Gan/Fígado, pode auxiliar a dispersar os fluxos intensos que produzem humores conhecidos como agitação, irritabilidade, agressividade, raiva e as várias formas de expressão desse tipo de humor, próprias desse sistema.

SISTEMA FEI/PULMÃO

Saber envelhecer não é permanecer jovem, é extrair de sua idade as partículas, as velocidades e lentidões, os fluxos que constituem a juventude desta idade.

(Deleuze e Guattari)

O sistema Fei/Pulmão tem como uma das suas principais atribuições captar e distribuir o Qi/Sopro Vital. Nesse sentido, podemos entender que esse processo gera um primeiro desdobramento de estabeler vínculos, dos mais amplos possíveis, ou seja, vínculos com o todo, o mundo, e entre os sistemas internos. É o principal sistema que, na sua produção, faz com que homem e mundo vivam uma unidade funcional e interdependente, ao ponto de se distinguirem sem jamais se separarem.

Além disso, o Qi/Sopro Vital será distribuído para a parte externa do corpo, constituindo-se numa forma de defesa do organismo ante aspectos nocivos externos, maus encontros.

Por esse motivo, fica mais vulnerável aos aspectos desarmônicos climáticos (frio, secura, umidade), que podem acarretar bons ou maus encontros, determinado por inúmeras variantes dinâmicas.

A pessoa que apresenta sintomas de desarmonias frequentes nas mudanças climáticas, e mesmo uma susceptibilidade ao meio em geral tende, num processo de defesa instintiva, a evitar ou reduzir ao máximo esses contatos. Isso gera, em muitos casos, certo enclausuramento, a redução dos vínculos, próprio da deficiência nesse sistema.

Nesses casos, o sistema Fei/Pulmão poderá fortalecer o Wei Qi/Energia de Defesa, ou seja, realizar certa triagem do que pode fortalecê-lo ou enfraquecê-lo.

A combinação do Qi dos alimentos, ou seja, os vapores que são produzidos no processo digestivo, com o Qi do meio ambiente, forma o Qi Torácico, que se localiza no Jiao Superior/ Aquecedor Superior, propulsor da dinâmica produtiva dos sistemas Xin/Coração e Fei/Pulmão.

Então podemos pensar que desdobramentos como a capacidade e potência da voz, que depende da intensidade do Qi captado (respiração), reflete o estado de potência singular desse sistema. Assim como o aquecimento das mãos expressa a sua capacidade de circular substâncias (Xue/Sangue e Jin Ye/Líquidos Orgânicos) nas extremidades.

O Qi torácico transforma-se em Qi verdadeiro, ou seja, Qi utilizável pelo organismo, com a ajuda da essência do sistema Shen/Rim, e divide-se em Qi nutritivo e Qi defensivo.

Enquanto o Qi nutritivo, mais Yi/substancial, vai para os sistemas internos Zang Fu e Xue Mai (Vasos Sanguíneos), o Wei Qi (defensivo), mais *yang*/sutil, é impulsionado para o espaço entre a pele e os músculos, hidratando, aquecendo e mantendo um bom padrão de movimento e, consequentemente, proteção.

A função do sistema Fei/Pulmão de captar o Qi/Sopro Vital coaduna-se à de vincular, gerar trocas, desestagnar, movimentar, ou seja, fortalecer os aspectos mais *yang* do organismo.

Manifestações de lentificações na produção que acarretam estagnações na região onde se forma o Qi torácico podem produzir redução na transformação e na movimentação do Qi/ Sopro Vital. Esse processo denomina-se estagnação no Jiao Superior/Aquecedor Superior, que pode gerar lentidão, redução de movimento, de trocas, de vínculos, manifestações conhecidas como tristeza, e seu agravamento, angústia, devido à redução na capacidade de produção dos sistemas.

Podemos citar também, como exemplo de desdobramentos dessa deficiência, manifestações de falta de ar, cansaço e retenção de muco (excesso de *yin*) no Jiao Superior/Aquecedor Superior.

A deficiência na captação de Qi/Sopro Vital, que ocorre, entre outros aspectos, pela redução da captação, da respiração, provocada pela inatividade, leva o organismo a deprimir, pois todos os órgãos necessitam de um *quantuum* de Qi/Sopro Vital para exercerem suas funções com regularidade. Portanto, podemos pensar na manifestação do ser conhecida como depressão como uma deficiência na captação ou circulação do Qi/Sopro Vital.

Novamente observamos a necessidade de priorizar os exercícios que aumentam a captação de Qi (Chi-Kun, Tai Chi Chuan, Liang Gong, Yoga), que melhor componham a natureza de cada um.

O sistema Fei/Pulmão, devido à secura natural do Sopro Vital/Qi, ou seja, excesso de componentes mais *yang*, necessita de *yin*/umidade para fazê-lo circular. Nesse sentido, irá contar principalmente com o auxílio do sistema Shen/Rim, para circular e distribuir o Qi/Sopro Vital. O sistema Shen/Rin irá enviar fluxos mais *yin*/essência para umedecer o sistema Fei/Pulmão, através do espaço conhecido como "via das águas". O excesso de secura leva à redução do movimento, estagnações dos fluxos também conhecida como retenções no Jiao Superior/Aquecedor Superior, além da redução na comunicação em geral, e especialmente na via das águas, ou seja, na relação entre os sistemas Fei/ Pulmão e Shen/Rim.

O sistema Fei/Pulmão é um dos responsáveis pela absorção de vida, no seu aspecto sutil, intensivo.

Quanto mais frio, menos movimento e mais dificuldade em colocar o Qi/Sopro Vital para circular.

O Fei/Pulmão é o principal sistema que estabelece o contato com o meio ambiente, a deficiência de Qi/Sopro Vital debilita todo o organismo, gerando incontáveis manifestações como rosto pálido, cansaço, postura corporal em fechamento, dificuldade em fazer e desfazer vínculos, expressando uma lógica orgânica própria da deficiência do sistema.

A deficiência de movimento/produção/*yang* do sistema Fei/ Pulmão pode levar à sudorese, pois o sistema responsável pela abertura e fechamento dos poros fica fragilizado, facilitando os maus encontros.

É um sistema, em geral, mais sutil, pois seu material principal, sua substância predominante, é o Qi/Sopro Vital, mais sutil.

O sistema é um dos principais responsáveis pela produção e circulação do Wei Qi/Energia de Defesa.

Nos processos de excesso e retenção de substâncias/*yin*, ou seja, de lentificação na produção de fluxos, o sistema Pi/Baço, por conta da ingestão de líquidos e alimentos gordurosos, produz a fleuma, e o Fei/Pulmão a retém, lentificando a sua produção, e as devidas consequências desse processo podem se manifestar.

O Qi/Sopro Vital é puro movimento, é o fluido próprio da Natureza/Humano que possibilita ao mundo e aos seres se manterem conectados.

Nessa inseparabilidade, podemos dizer que o sistema Fei/ Pulmão é responsável, ou melhor, é o principal responsável em fazer com que o indivíduo capte o mundo, seja mundo.

A deficiência na captação e distribuição do Qi/Sopro Vital acarreta a deficiência global do organismo, que pode se manifestar pela lentificação no seu grau de potência, apresentando manifestações como depressão orgânica geral, redução dos movimentos de absorção, transformação e distribuição, além de sensação de isolamento e tantas outras manifestações.

O sentimento de pertencimento ou conexão ao universo, à teia da vida, é função principal do sistema Fei/Pulmão.

A palidez pode se constituir pela redução na circulação do Qi/Sopro Vital, que reduzirá o movimento, fundamental para manter o ritmo na circulação de Xue/Sangue.

A opressão no peito é a estagnação do Zong Qi (Qi Torácico), com pouco movimento, pouco *yang*/movimento, pouca intensidade na circulação.

A respiração plena, ou seja, captação de Qi/Sopro Vital é fundamental para o resgate e fortalecimento desses vínculos, além de nutrir o Wei Qi (energia de defesa).

Para viver o universo dentro de nós, a utilização do Chi Kun, Tai Chi Chuan e outros exercícios energéticos são importantes instrumentos na captação e circulação de Qi/Sopro Vital, como mencionamos anteriormente.

De outro modo, quando isso não ocorre, podem surgir sentimentos de solidão, abandono, isolamento, incomunicabilidade, tristeza, melancolia e inúmeras variações de sentimentos e sensações que refletem uma lentificação de fluxos, uma redução na produção orgânica. As estagnações de qualquer natureza tendem a sinalizar para a deficiência de Qi/Sopro Vital, quer na sua captação, quer na sua circulação.

Os desdobramentos dessa deficiência são inúmeros e incontáveis, podendo se manifestar em cada pessoa, a cada momento, de forma completamente singular.

RELAÇÃO DOS PONTOS PRINCIPAIS UTILIZADOS NO SISTEMA FEI/PULMÃO

Zhong Fu: Residência Central (1 Pulmão)

Chi Ze: Pântano de um Pé (5 Pulmão)

Lie Que: Lacuna que se Destaca (7 Pulmão)

Tai Yuan: Poço Profundo (9 Pulmão)

Shao Shang: Pequeno Mercador (11 Pulmão)

Zhao Hai: Mar Brilhante (6 Rim)

Tai Xi: Grande Corrente (3 Rim)

Shan Zhong: Palácio do Coração (17 Ren Mai)

Fei Shu: Transporte Posterior do Pulmão (13 Bexiga)

Po Hu: Porta da Alma Corpórea (42 Bexiga)

Shen Shu: Transporte Posterior do Rim (23 Bexiga)

He Gu: "Vale Convergente" (4 IG)

Xin Xiang: "Fragrância Acolhida" (20 IG)

Zhong Fu: "Residência central" P 1

É um ponto do sistema Fei/Pulmão que tem a capacidade de dinamizar a circulação no Jiao Superior/Aquecedor Superior, auxiliando a dispersar tanto o excesso de substância *yin*/fleuma/muco como manifestações sutis conhecidas como emoções estagnadas.

Chi Ze: "Pântano do pé" P 5

Auxilia na produção e circulação de aspectos com características mais *yin*, ou seja, na produção e circulação de Jin Ye/Líquidos Orgânicos e Xue/Sangue. Nesse sentido, auxilia na redução do *yang*/calor no sistema Fei/Pulmão, que pode provocar erupções cutâneas avermelhadas, assim como outros desdobramentos. Auxilia a energia de defesa do sistema Fei/Pulmão, trazendo componentes mais *yin*, que protegem e umedecem a pele.

Lie Que: "Lacuna que se destaca" P 7

A função desse ponto sobre o sistema Fei/Pulmão é mais *yang*/sutil, auxiliando a movimentar vapores e humores no organismo. Pode ser útil em casos de pessoas com maior dificuldade de comunicação, com dificuldade de expressar sentimentos, movimentos internos.

Sua característica é de estimular a produção de fluxos com mais intensidade. Nesse sentido, ajuda a dispersar o excesso de *yin* que se traduz em retenção de fleuma no Jiao Superior/Aquecedor Superior, liberando humores estagnados (sentimentos). Sua atuação se faz presente principalmente no toráx, por conta do trajeto do canal do sistema Fei/Pulmão, aliviando manifestações como opressão e a sensação de sentir-se sufocado. Além de auxiliar em manifestações como dificuldade de fazer vínculos e expressões de lamento, tristeza (aspecto mais *yin*) resultante da redução da intensidade de fluxos. O Qi/Sopro Vital deficiente ou estagnado pode ser a causa da lentidão orgânica, acarretando inúmeras manifestações com caráter de redução nos movimentos, depressão na circulação em geral.

Tai Yuan: "Abismo profundo" P 9

Esse ponto é eficaz para auxiliar a dinamizar a circulação de Qi/Sopro Vital por todo o organismo. O ponto Tai Yuan auxilia a produzir mais movimento, a desestagnar o Qi/Sopro Vital e fazer descender o movimento, possibilitando a nutrição de todo o organismo.

Shao Shang: "Pequeno mercador" P 11

Um dos principais pontos para auxiliar a dinamizar aspectos mais substanciais/*yin* do sistema Fei/Pulmão e, consequentemente, ajuda a dispersar, movimentar o excesso de calor da superfície do corpo. Nesse sentido, pode ser usado para reduzir a alta temperatura corporal, assim como para outros sinais de calor externo.

Zhao Hai: "Mar brilhante" R 6

A função principal desse ponto é a de fortalecer a produção e circulação de aspectos mais *yin*/substanciais do organismo, como o Jin Ye/Líquidos Orgânicos e o Xue/Sangue.

Nesse sentido, esse ponto auxilia a umedecer o sistema Fei/Pulmão, que é o principal responsável pelo Wei Qi/Energia de Defesa. O sistema Fei/Pulmão capta o Sopro Vital/Qi, mais *yang*, inicialmente, e precisa de hidratação para fazê-lo descender e circular. Manifestações como pouca receptividade, vida árida, relacionamentos pouco afetivos, falta de ar, tosse seca, estagnação gerando ansiedade, aliados a outras características, podem sugerir uma relação desarmônica tanto no processo produtivo como na comunicação entre os sistemas Shen/Rim e Fei/Pulmão. Essas são algumas manifestações que sugerem uma análise atenta de cada caso e as diversas possibilidades de expressão do ser a partir da alteração na produção de qualquer sistema.

Tai Xi: "Grande corrente" R 3

É um ponto do sistema Shen/Rim que tem a função de estimular fluxos que auxiliem a harmonizar aspectos mais *yin*/líquidos orgânicos/*xue*/sangue e os mais *yang*/força/movimento do sistema.

Shan Zhong – Palácio do Coração – VC 17

Esse ponto ajuda a dinamizar a circulação do Zhong Qi ou Qi Torácico, dessa maneira, tanto o sistema Xin/Coração como Fei/Pulmão recebem mais fluxos e assim cumprem melhor suas atribuições.

Na estagnação dessa região costuma ocorrer um bloqueio na via das águas, e o sistema Shen/Rim deixa de refrescar a região superior do corpo, especialmente o sistema Fei/Pulmão e o Xin/Coração.

Na manifestação conhecida como "asma" há uma significativa redução de fluxos que acarreta estagnação de Qi/Sopro Vital no Jiao Superior/Aquecedor Superior devido ao excesso de secura (excesso de *yang*) e a deficiência de *yin* (líquidos orgânicos).

O Qi/Sopro Vital não é difundido para o organismo pela deficiência de *yin* (líquidos). Diferente da manifestação conhecida como "bronquite", em que há tosse e catarro (excesso de *yin*).

Indica-se, portanto, pontos do sistema Shen/Rim para aumentar o aporte de *yin*/líquidos orgânicos, ajudar a circular, refrescar o Jiao Superior/Aquecedor Superior. O ponto Shan Zhong é utilizado para abertura da via das águas, que pode ser vista como a relação entre os sistemas Fei/Pulmão e Shen/Rim.

O Shan Zhong é um ponto eficaz tanto no caso de sinais manifestos como de forma preventiva. Sua localização central coloca-o na posição de ajudar a liberar, circular, melhorar a relação no mundo, fortalecer os vínculos, reduzindo expressões e sentimentos de medo e amargura, à medida que ajuda a circular e dinamizar os aspectos mais *yang* do corpo, relacionados com o movimento.

Ajuda a circular o Shen/Espírito e o Qi/Sopro Vital.

Fei Shu: "Transporte posterior do Pulmão" B 13

Ponto de assentimento do sistema Fei/Pulmão é um dos pontos mais importantes desse sistema, atuando no cerne da sua capacidade produtiva.

Sua utilização pode gerar um aumento expressivo na captação do Qi/Sopro Vital, tanto em quantidade como em qualidade. Nesse sentido, toda a circulação fluirá com menos obstáculos, reduzindo estagnações, dispersando aspectos mais *yin* como a fleuma, que pode acarretar retenção nas vias aéreas superiores, melhorando as condições de vitalidade, ânimo, fortalecendo a capacidade de estabelecer vínculos e a potência de vida.

Po Hu: "Porta da alma corpórea" B 42

Esse ponto atua especificamente nas questões mais *yang* do sistema, ou seja, sutis, humorais. Associado ao ponto Ming Men (VG 4) fortalece a capacidade produtiva/*yang* do sistema Shen/Rim, melhorando a potência de vida, a vontade de estabelecer vínculos, reduzindo o desânimo e facilitando a capacidade de trabalhar aspectos como perdas e lutos.

Alguns sinais e manifestações para a utilização do ponto, a partir da suas atribuições produtivas, podem ser a fraqueza diante da vida, muitas vezes revestida de lamento, tristeza, dificuldade de fazer vínculos, sentimento de inadequação, sensação de estar só e desamparado no mundo. Esse ponto tem a função de fortalecer o sentimento de pertencimento ao universo. É um ponto fundamentalmente mais *yang*, ou seja, atua mais nos aspectos sutis do organismo.

Shen Shu: "Transporte posterior do Rim" B 23

Este ponto atua direto no sistema Shen/Rim que tem a função de ser um forte auxiliar na nutrição dos outros sistemas, tanto de aspectos mais *yin*/líquidos orgânicos/*xue*, como os mais *yang*/movimento/força/produtividade/transformação. Com relação ao sistema Fei/Pulmão, umedece o Qi do sistema, beneficiando sobremaneira a circulação e difusão do Qi/Sopro vital por todo o organismo, revigorando-o e fortalecendo os vínculos.

He Gu: "Vale Convergente" (IG 4)

Esse ponto atua com muita eficácia na extremidade final do seu trajeto, dinamizando a circulação e desestagnando o excesso de substâncias *yin* no rosto, incluindo boca, nariz, ouvido e cabeça. Isso se dá por conta do seu trajeto e pela função de dispersar a estagnação na sua extremidade, harmonizando o canal unitário *Yang* Ming (E/IG).

Tem a função de auxiliar no fortalecimento geral dos aspectos mais *yang*, entre eles o Wei Qi/Energia de Defesa, o que o torna um ponto eficaz para dores em geral por meio da sua função de estimular a intensificação na produção e circulação de fluxos. As dores costumam ser a expressão de estagnações.

Xin Xiang: "Fragrância Acolhida" IG 20

Ponto utilizado para movimentar a estagnação local, principalmente nas vias aéreas superiores, que provocam manifestações conhecidas como constipação nasal, sinusite, rinite, redução do olfato. Auxilia na circulação do Qi/Sopro Vital e desobstrui o canal de Dachang/Intestino Grosso.

É um ponto utilizado para estagnação com ou sem dor, como paralisia facial ou dores nas terminações nervosas da face.

SISTEMA XIN/CORAÇÃO

O que é um corpo, ou um indivíduo, ou um ser vivo, senão uma composição de velocidades e lentidões sobre um plano de imanência?

(Deleuze e Guattari)

Os três tesouros, uma denominação utilizada pela Medicina Chinesa para expressar os aspectos vitais constitutivos do humano, são o Jing, compreendido como a essência substancial herdada da ancestralidade, acolhida e distribuída pelo sistema Shen/Rim, o Qi/Sopro Vital, potência de vida existe em todas as coisas, inclusive no ambiente, captado e distribuído pelo sistema Fei/Pulmão, e o Shen, princípio organizador, inteligência universal, também conhecido como Espírito, acolhido e distribuído pelo sistema Xin/Coração.

O Qi pós-celestial, ou a potência produtiva extraído dos alimentos e líquidos, transformado no Jiao Médio/Aquecedor Médio, principalmente pela ação do sistema Pi/Baço, se transforma em Xue, que vem a ser o sangue vivo, ou o sangue combinado com o Qi/Sopro Vital.

O Xue/Sangue e o Jing/Essência têm como importantes atribuições sustentar o Shen/Espírito, dando-lhe um suporte mais *yin*/substancial, para possibilitar a sua circulação em todo o organismo, cumprindo as suas funções, principalmente de orientação orgânica.

A deficiência em uma das duas substâncias, Jing/Essência e Xue/Sangue, poderá acarretar a deficiência na circulação do Shen, também chamado de mente, consciência, espírito.

Nas expressões de desequilíbrios referentes ao sistema Xin/Coração, devemos, antes de tratá-lo diretamente, verificar possíveis comprometimentos de algum dos sistemas que o sustentam, ou seja, o Pi/Baço, que é o principal ator na produção e distribuição do Xue/Sangue, e o Shen/Rim, que imprime características próprias e singulares na sua formação, além de nutrir de aspectos mais *yin*/líquidos orgânicos e mais *yang*/força/movimento em todo o organismo.

Além disso, o sistema Pi/Baço é o principal responsável em manter o Xue/Sangue circulando dentro dos Xue Mai/Vasos Sanguíneos.

O sistema Fei/Pulmão faz circular o Qi/Sopro Vital, e consequentemente movimenta e aquece o Xue/Sangue, dando vitalidade a este e possibilitando a distribuição de Mente/Espírito/Consciência por todo o organismo, afirmando a unidade Mente/Corpo.

O sistema Xin/Coração está ligado à materialidade de Xue/Sangue, e o Shen/Consciência está armazenada no Xin/Coração, e tem a sua fisiologia relacionada ao que compreendemos como Espírito ou Inteligência Universal, ou ainda, Razão Universal. Nesse sentido, manifestações relacionados diretamente com o discernimento, a compreensão, a vivacidade, que se expressam no brilho dos olhos, são alguns importantes aspectos próprios da função produtiva desse sistema.

As características singulares da forma como a pessoa está no mundo é orientada, em boa parte, pelo Shen/Consciência. As alterações no sistema Xin/Coração caracterizam-se por inúmeras manifestações, como a rigor ocorre com todos os sistemas. Para exemplificar podemos mencionar a fala desconexa, pela dificuldade em coordenar as ideias com a expressão oral, devido às alterações significativas no processo produtivo desse sistema.

O Xue/Sangue é considerado a morada do Shen/Inteligência, isso significa pensar que o Shen/Mente, ou Shen/Espírito, ou ainda o Shen/Consciência, circula em todo o corpo, carreado pelo Xue/Sangue, que lhe empresta materialidade, revestindo de consciência, inteligência, razão, os mínimos agregados que integram provisoriamente o corpo.

Eventos em que há perda excessiva de Xue/Sangue, como nas hemorragias produzidas no parto, podem acarretar situações conhecidas como perda de consciência, depressão pós-parto, confusão mental. Nesses casos, o Shen/Mente fica muito *yang*, etéreo, solto, descolado do seu aspecto mais *yin*/substancial, que é o Xue/Sangue e Jin Ye/Líquidos Orgânicos, acarretando o que é conhecido como o "Shen sem Morada", sem substância que o incorpore, pois há uma deficiência de *yin*/líquidos e *xue*, com a possível exacerbação dos aspectos mais *yang*, ou seja, aspectos mais intensivos.

Como a língua é considerada a extensão do coração, quando a ponta estiver alterada, normalmente muito avermelhada, seca, ou mesmo descascada, em casos mais agudos, essas manifestações poderão caracterizar deficiência de *yin*/*xue*/sangue/líquidos orgânicos, no sistema Xin/Coração.

A deficiência no processo produtivo que acarreta a deficiência de Xue/Sangue do sistema Pi/Baço pode gerar, como exemplo de um desdobramento dessa situação, a manifestação de língua pálida, por deficiência na produção e distribuição de Xue/Sangue.

O excesso de aspectos mais *yang*/calor/agitação, por deficiência de outros mais *yin*/líquidos/substâncias do Xin/Coração, poderá acarretar agitação, sono entrecortado, insônia, devido ao excesso de fluxos intensos, acelerados, descolados de substância. De outra feita, a estagnação de substâncias como o Xue/Sangue no sistema Xin/Coração poderá acarretar excesso de *yin*/substância provocando fraqueza do *yang*/movimento do Xin/Coração, gerando dor no peito com pontada (dor significa estagnação) que desce pelo braço e palpitações, entre outras tantas manifestações possíveis.

O que se convencionou chamar de medo, uma característica humoral própria da produção sutil em desarmonia do sistema Shen/Rim, que pode ser uma manifestação de preservação da vida, invade o sistema Xin/Coração. O sistema Shen/Rim, enfraquecido no seu movimento produtivo, não consegue refrescar o Xin/Coração, porque acumula um excesso de *yin*/substância que circula em menor velocidade, ou seja, que tem dificuldade de circular, pela redução do *yang*/movimento, e poderá acarretar inúmeras manifestações relativas ao caráter produtivo do sistema Xin/Coração.

A fleuma, substância/*yin*, retida no sistema Xin/Coração, normalmente está relacionada com a capacidade produtiva e de transformação do sistema Pi/Baço, acarretando a lentificação de todas as suas funções e gerando o que é conhecido como embotamento mental, falta de clareza mental, estados lentos, que podem chegar à depressão, pois a fleuma reduz o movimento, comprometendo o movimento do pensamento, a sua expressão plena, além de inúmeras outras manifestações.

Nos casos em que, além da fleuma, existe a manifestação de excesso de calor no sistema Gan/Fígado, invadindo o sistema Xin/Coração, além do pensamento lento, também poderá ser produzido humores com características mais *yang* como agitação interna, agressividade e variações desse tipo de humor.

O Shen Universal incorpora-se aos modos existentes e mantém nele a memória da origem, facilitando viver o mundo em nós.

As funções do sistema Xin/Coração, orientadas por seu aspecto mais sutil, que é chamado de Shen, são de clarear a consciência para a realização do caminhar (individual e coletivo).

Além disso, e nesses desdobramentos, podemos ter manifestações como o brilho nos olhos, a percepção mais clara de integração entre todas as coisas, o desprendimento consciente e necessário dos excessos e daquilo que não faz sentido conservar.

Shen é o grande maestro, é a afirmação da unidade corpo/mente.

Na China, a unidade corpo-mente é intrínseca. Não existe a concepção de duas entidades distintas que fazem uma parceria para dar origem ao modo existente.

Na Medicina Chinesa o Shen é a origem da unidade do ser, que ao mesmo tempo habita o coração e circula no Xue/Sangue, através do Xue Mai (Vasos Sanguíneos), lembrando que os vasos sanguíneos são parte integrante do coração e do sistema Xin.

Portanto, o sangue que alimenta, irriga, aquece todas as micropartes do corpo está impregnado de Shen, de consciência, tanto a universal como a singular.

Pode-se dizer que o corpo todo está impregnado de consciência, de Shen, pois esse princípio organizador, facilitador da autoregulação orgânica, da autopoiese, circula pelo corpo todo. O Shen é a mente não localizada, em movimento.

RELAÇÃO DOS PONTOS PRINCIPAIS
UTILIZADOS NO SISTEMA XIN/CORAÇÃO

Tong Li: Comunicação interna (5 Coração)
Shen Men: Porta da mente (7 Coração)
Shao Chong: Precipitação do *yin* mínimo (9 Coração)

Da Ling: Grande colina (7 Pericárdio)
Nei Guan: Portal interno (6 Pericárdio)
Zhao Hai: Mar brilhante (6 Rim)
Xing Jian: Passagem entre (2 Fígado)
San Yin Jiao: Três *yin* da perna (6 Baço)
Zu San Li: Três distâncias (36 Estômago)
Qi Hai: Mar do Qi (6 Ren Mai)
Guan Yuan: Porta da essência vital (4 Ren Mai)
Ju Que: Palácio do coração (14 Ren Mai)
Shan Zhong: Meio do tórax (17 Ren Mai)
Yin Tang: Hall da mente (Ponto Extra)
Bai Hui: Centenas de encontros (20 Du Mai)
Shen Shu: Transp. post. do rim (23 Bexiga)
Xin Shu: Transp. post. do coração (15 Bexiga)
Gao Huang Shu: Transp. post. do pericárdio
Ge Shu: Transp. post. do diafragma (17 Bexiga)
Shen Tang: Palácio do espírito (44 Bexiga)

Tong Li: "Comunicação interna" C 5

Esse ponto auxilia o fortalecimento das características mais *yang*/movimento do sistema Xin/Coração, ou seja, circulação, discernimento e ativação de Xue/Sangue. Nesse sentido, ajuda a fazer contato com aquilo que conhecemos como sentimentos e a comunicá-los com mais clareza. Ajuda a elaborar questões mais sutis, auxilia na coordenação do pensamento/fala/ação.

Shen Men – Porta da Mente – C 7

Esse ponto tem como característica principal dinamizar a circulação dos aspectos mais *yin*/*jin ye*/*xue* ligados ao sistema Xin/Coração. Além disso, auxilia na organização das manifestações sutis (emoções), permitindo sua expressão com mais clareza e precisão.

Muitas vezes usado nos períodos em que expressões do ser denominadas de amor, ódio, medo, sofrimento estão sendo vividas ao mesmo tempo. As manifestações apresentam-se de forma confusa e com muita intensidade (*yang*).

As manifestações sutis (emoções) do sistema Xin/Coração são mais voláteis, diferentes das manifestações do sistema Gan/ Fígado, que são mais densas (raiva).

O ponto Shen Men está indicado para formas de expressão desarmônicas, com características mais *yang*/sutis, pois tem a função de fortalecer os componentes mais *yin*/substâncias/ líquidos e refrescar.

O Shen/Mente excessivamente desorganizado inviabiliza os afazeres do cotidiano, e queixas de interrupção de tarefas, desvio de atenção para outras atividades, dispersão, distração e confusão mental são exemplos desse excesso de fluxos *yang* desorganizado.

A linguagem mostra-se comprometida, imprecisa, rápida e confusa. A utilização desse ponto poderá melhorar esses aspectos de desarmonia do sistema.

Shao Chong: "Precipitação do *Yin* mínimo" C 9

Os pontos de extremidade têm uma característica geral de dar um grande impulso na circulação de fluxos/*yang* no organismo, devido a sua localização entre o corporal humano e o corporal ambiente.

Usa-se moxa diretamente neste ponto para excesso de lentificação (*yin*) do sistema, que acarreta manifestações como redução na circulação de fluxos e deficiência produtiva do sistema, conhecido como depressão. Sempre levar em conta que os estados de depressão do sistema Xin/Coração e do sistema Pi/

Baço são diferentes. No primeiro caso, a desorientação costuma ser muito presente, e, no segundo, a postura corporal é mais evidente, uma postura insustentável.

Da Ling: "Grande colina" PC 7

Esse ponto facilita a circulação do Shen/Espírito/Mente porque, atuando na intensificação da circulação do Xue/Sangue, nutre de aspectos mais *yin*/substâncias o organismo controlando e regulando o excesso de volatilidade/*yang* do sistema Xin/Coração, acarretando um estar mais suave nos verbos da vida. Esse ponto, por intensificar e fazer circular o Xue/Sangue no sistema Xin/Coração, auxilia na regularização do fluxo de sangue no período menstrual.

Nei Guan: "Portal interno" PC 6

Ponto importante na função de estimular a intensificação de fluxos no Jiao Médio/Aquecedor Médio. A partir daí, e como consequência dessa produção, o ponto pode auxiliar a acalmar a mente. Esse processo ocorre devido à função do ponto de auxiliar na melhora da produção e circulação do Xue/Sangue, nutrindo o sistema Xin/Coração com substâncias mais *yin*/líquidos orgânicos/*xue.*

Através da intensificação de fluxos que produz na região do Jiao Médio/Aquecedor Médio ajuda a transformar a estagnação que ocorre nessa área, nutrindo de *yin*/*xue* o sistema Xin/Coração. Melhora, portanto, manifestações como a mente/*shen* agitada por deficiência de Xue/Sangue, ou seja, por deficiência de substâncias mais *yin*, a subida do *yang*/calor vazio poderá se manifestar.

O sistema Xin Bao/Pericárdio tem como uma das suas funções principais proteger o sistema Xin/Coração, ele é considerado o "guardião do coração".

O sistema Xin/Coração, entre outras características, é afetado por um tipo de produção sutil, que tende a ficar plasmada nesse sistema. São aspectos humorais, vapores produtores de sentimentos, sensações, emoções. É o sistema Xin Bao/Pericárdio que permite a expressão dessas vivências, desses sentimentos, protegendo o Xin/Coração de ser agredido pelos fortes e intensos fluxos conhecidos como emoções.

O ponto Nei Guan, de forma simbólica, possibilita "abrir o portal" para entrar em contato com o conteúdo produzido no sistema Xin/Coração.

Permite fluir as manifestações mais internas, favorecendo o contato com as questões mais íntimas e ajuda a vivenciá-las, trazendo o conteúdo do sistema Xin/Coração para ser elaborado.

O tratamento é uma possibilidade teórica e, como toda abordagem referida ao humano, a resposta depende de inúmeras variantes. A utilização do ponto Nei Guan facilita o contato com o que há de mais interno, em termos afetivos, e a possibilidade de abrir-se a novas experiências afetivas no mundo.

Zhao Hai: "Mar brilhante" R 6

Esse ponto tem como objetivo dinamizar os fluxos que aumentam os aspectos mais *yin* do organismo, especialmente do sistema Shen/Rim. Consequentemente, os aspectos mais *yin* do organismo se expressam em líquidos orgânicos, *xue*/sangue. Por isso, esse ponto ajuda a hidratar, umedecer, refrescar a secura e a aridez. Deve ser utilizado nos casos de excesso de fluxos mais *yang* no organismo e no sistema Xin/Coração, gerando calor excessivo, agitação e outras expressões de excesso de aspectos mais *yang*.

Xing Jian: "Passagem entre" F 2

Ponto utilizado quando o excesso de *yang*/fogo/movimento do sistema Gan/Fígado, também conhecido como o fogo do Gan/Fígado, ascende e invade o sistema Xin/Coração. São manifestações de calor na parte superior do corpo, ligadas ao Xin/Coração, com expressões como inquietação, sono entrecortado, excessos de sonhos, pesadelos, ansiedade. A utilização desse ponto será indicada principalmente quando surgirem manifestações associadas ao excesso de *yang*/fogo/movimento do Gan/Fígado, produzindo, por exemplo, manifestações de boca amarga, agressividade, digestão comprometida.

San Yin Jiao: "Três Yin da perna" BP 6

Ajuda a dinamizar a circulação de elementos com características mais *yin*/líquidos orgânicos/xue dos sistemas, principalmente no Jiao Inferior/Aquecedor Inferior, refrescando e reduzindo o excesso de *yang*/movimento/fogo do sistema Xin/Coração, pela via do sistema Shen/Rim.

Zu San Li: "Três distâncias" E 36

Ponto forte para dinamizar a produção do organismo em geral e especialmente do Jia Médio/Aquecedor Médio, dando sustentação de Jin Ye/Líquidos Orgânicos/Xue/Sangue, para nutrir o sistema Xin/Coração. O processo ocorre na medida em que o ponto atua no Jiao Médio/Aquecedor Médio aumentando a intensidade de fluxos, e consequentemente, fortalecendo a função de transformar e distribuir as substâncias (Xue/Sangue e Jin Ye/Líquidos Orgânicos) produzidas no Jiao Médio.

Qi Hai: "Mar de Qi" VC 6

Um dos principais pontos no fortalecimento da potência de agir, e diretamente aquela ligada ao sistema Pi/Baço. Nesse sentido, melhora sua produção e auxilia as funções de umedecer o organismo, e melhorar os aspectos mais *yin*/líquidos/xue ligados ao sistema Xin/Coração.

Guan Yuan: "Porta da essência vital" VC 4

Com funções próximas ao ponto anterior (VC 6), esse ponto estimula a circulação dos aspectos mais *yin*/líquidos orgânicos do sistema Shen/Rim, portanto, é utilizado nas manifestações de excesso mais *yang* do sistema Xin/Coração, que pode vir ou não acompanhadas de calor excessivo.

Ju Que: "Palácio do coração" VC 14

Esse ponto tem a função de auxiliar os aspectos mais *yin*/líquidos orgânicos/xue/sangue e mais *yang*/movimento/calor/potência produtiva do sistema Xin/Coração, melhorando tanto as questões mais densas, tais como dor no peito, pontadas e opressão, assim como as mais sutis, humorais/emoções, como ansiedade, agitação, descontrole.

Shan Zhong: "Meio do tórax" VC 17

Na região do ponto Shan Zhong se encontra o Zhong Qi, que pode ser representado como uma verdadeira usina produtiva que dinamiza a produção e circulação no sistema Fei/Pulmão e no Xin/Coração; portanto, este ponto fortalece o caráter produtivo do Qi torácico (Zhong Qi), reduzindo estagnações e dinamizando a circulação. Além disso, estimula o funcionamento dos sistemas que compõem o Jiao Superior/Aquecedor Superior, ou seja, o Fei/Pulmão e o Xin/Coração.

Yin Tang: "Hall da mente" ponto extra

Esse ponto facilita a introspecção à medida que ajuda a dispersar o excesso de *yang*/movimento/calor. Melhora o Shen/Mente, podendo promover mudanças de olhar e percepção. Facilita o contato com o que é conhecido como intuição.

O ponto *Yin* Tang auxilia a aguçar a percepção sobre si mesmo, a vida e o momento. Favorece a observação, suscitando um olhar mais atento e preciso sobre o momento de vida. Ponto de estimulação do Shen/Mente que auxilia a organização do pensamento, potencializa o raciocínio e ajuda na clareza mental.

Shen Shu: "Transporte posterior do rim" B 23

Visto anteriormente, as funções desse ponto se associam ao sistema deficiente conduzindo o suporte do sistema Shen/Rim, uma vez que esse sistema tem a capacidade de ajudar a nutrir, umedecer, fortalecer o *yin*/líquidos orgânicos e o *yang*/movimento/calor/produção de todos os sistemas.

Xin Shu: "Transporte Posterior do Coração" B 15

Auxilia a transformação de padrões mais crônicos ligados ao sistema. Favorece a harmonização do sistema Xin/Coração na sua totalidade. Nesse sentido, irá auxiliar nos aspectos relacionados à organização e clareza mental. Auxilia também na expressão de algumas emoções e sentimentos, possibilitando ao sistema Xin/Coração retomar o seu padrão de funcionamento. Essa mudança poderá se traduzir em relaxamento, calma e tranquilidade. Esse ponto tem a função de enviar fluxos ao sistema, nesse sentido ele nutre e melhora o aporte de aspectos mais *yin*, refrescando e melhorando a circulação do Xue/Sangue.

Gao Huan Shu: "Ponto de Transporte do Pericárdio" B 16

O resultado da produção do sistema Pi/Baço é denominado Gao, e o do sistema Shen/Rim chama-se Huang. Os dois produtos desses sistemas se encontram no ponto Gao Huang Shu, que se localiza abaixo da 4ª vértebra torácica.

O Xin Bao/Pericárdio tem como função facilitar o acesso ao sistema Xin/Coração e, com isso, o contato com a energia inteligente produzida nesse sistema.

Por ser o "Guardião", o próprio Xin Bao/Pericárdio retém, de maneira significativa, energia em forma de toxinas sutis chamadas de sentimentos e emoções.

O Gao Huang Shu ajuda a dinamizar e circular, e, com isso, o material acumulado tende a ser movimentado, dispersado, desestagnado, ajudando a pessoa a entrar em contato com esse material, elaborando seu conteúdo.

Combinado com o Nei Guan (PC6), "Passagem Interna", facilita a expressão e abre o espaço para a expressão de elementos sutis, conhecidos como emoção, e que não estão claros e bem identificados, podendo se manifestar como dor em punhalada no peito e falta ou diminuição do brilho (Shen) nos olhos.

Ge Shu: "Ponto de transporte do diafragma" B 17

Esse ponto auxilia o sistema Xin/Coração na função de intensificar o seu movimento, ou seja, a sua produção, o que irá intensificar os fluxos no Jiao Médio/Aquecedor Médio. Nesse sentido, melhora a produção de Xue/Sangue e sua distribuição.

Para aumentar o efeito, caso necessário, associá-lo ao ponto Pi--Shu — B 20, para melhorar a deficiência na produção e distribuição de Xue/Sangue.

Shen Tang: "Palácio do espírito" B 44

Atua fundamentalmente nos aspectos sutis do sistema Xin/Coração, aquecendo o Shen/Espírito à medida que intensifica os fluxos a ele direcionados, aumentando a amorosidade e o sentimento de compaixão, próprios desse sistema. Além disso, auxilia sobremaneira o discernimento, a clareza do pensamento a consciência e a capacidade de organização e orientação.

Tem uma importante atuação no que se entende como Espírito/Mente/Consciência, que pode acarretar, quando em desarmonia, manifestações de choro fácil e descontrolado, oscilação de comportamento entre a tristeza e alegria, pessoa prolixa ou calada, distanciamento do contato social, confusão e desorganização em todos os sentidos. Essas manifestações são apenas algumas possíveis expressões do ser, no caso da desarmonia no processo de orientação, função principal relativa ao Shen/Mente.

O princípio organizador individual tem estreita relação com o sistema Xin/Coração. Possivelmente a função principal desse ponto é de organização. Organização das manifestações mais sutis, que se expressam como sentimentos, intuições, percepções. Organização do conjunto conhecido no ocidente como "psiquismo", o comportamento, a consciência, enfim, a organização daquilo que no humano é mais sutil.

O ponto Shen Tang é um dos pontos que mais favorece o desapego e facilita a manifestação do Shen Universal dentro de nós, o sentimento de pertencimento e inseparabilidade.

As alterações do sistema Xin/Coração nos remetem à confusão que pode se expressar, com variações de intensidade, como a fala confusa, a pessoa desorientada. O ponto Shen Tang auxilia a reduzir a confusão e o alinhamento com o Shen Universal (princípio orientador).

Os exemplos acima, como no restante do trabalho, têm somente a intenção de tentar criar dispositivos de análise para se pensar nas manifestações e produções orgânicas. Produções conhecidas como sintomas ou doença que podem ser vistas também como desarmonias no ritmo dos sistemas.

Sabemos que são inúmeras e incontáveis as manifestações e seus desdobramentos, que podem ser vistos como variações de intensidade. Esses processos produzem algo de singular, a cada momento, na mesma pessoa. Nossa pretensão é de sinalizar como ocorrem certos processos de produção orgânica, com combinações sempre singulares, e que jamais se repetem em intensidade ou duração. Esses podem encaminhar para um aumento de potência ou diminuição de potência. Estamos, de certa forma, substituindo os termos saúde e doença, por aumento ou diminuição de potência, ou seja, pela variação do grau de potência em cada modo existente singular conhecido como humano.

CONCLUSÃO

Sereis um coletivo que encontra outros, que se conjuga e se cruza com outros, reativando, inventando, prevendo, operando individuações não pessoais.

(Deleuze)

Medicina Chinesa é mundo. São linhas, fluxos, meridianos. Intensidades e lentificações. A forma é o vazio. Desterritorializações, desestagnações, liberação, linhas de fuga. Vitalismo, fortalecimento da potência, agenciamentos. O vazio é a forma. Autopoiese, autonomia. Heterogeneidade, singularizações, multiplicidade. Inapreensível, não científica, dinâmica. Viva, inseparável, impermanente. O corpo sem órgãos de Artaud, o traço do pintor chinês, a Ética de Espinosa. Política, estética, poética.

Revolução molecular, *yin* e *yang*, arte.

BIBLIOGRAFIA

AUTEROCHE, B. A *Acupuntura em ginecologia e Obstetrícia*. Tradução de Zilda Barbosa Antony. Organização Andrei Editora Ltda. São Paulo, 1985.

AUTEROCHE, B. *O Diagnóstico na Medicina Chinesa*. Tradução de Zilda Barbosa Antony. Organização Andrei Editora Ltda. São Paulo, 1986.

BIRCH, STEPHEN J. *Entendendo a acupuntura*. Tradução de Maria Inês Garbino Rodrigues. São Paulo: Roca, 2002.

CAPRA, FRITJOF. *A Teia da Vida*. Tradução de Newton Roberval Eichemberg. São Paulo: Editora Cultrix.

CAPRA, FRITJOF. *O Tao da Física: Um paralelo entre a física moderna e o misticismo oriental*. Tradução de José Fernandes Dias. São Paulo, Editora Cultrix, 1983.

CAPRA, FRITJOF. *Sabedoria Incomum*. Tradução de Carlos Afonso Malferrari. São Paulo: Cultrix, 1988.

CHAUI, MARILENA. *Introdução à História da filosofia vol. I: Dos pré-socráticos a Aristóteles*. São Paulo: Companhia das Letras, 2002.

CHAUI, MARILENA. *Introdução à História da filosofia vol. II: As Escolas Helenísticas*. São Paulo: Companhia das Letras, 2010.

CHENGGU, YE. *Tratamentos de Lãs Enfermedades Mentales por Acupuntura y Moxibustoion*. Tradução de Electra Peluffo Luoia. Beijing: Traduciones em Lenguas Extranjeras, 1995.

CLAVEY, STEVEN. *Fisiologia e patologia dos fluidos em medicina tradicional chinesa*. Tradução de Luciane Farber e Paulo Farber. Roca: São Paulo, 2000.

DELEUZE, GILLES. *Conversações*. Tradução de Peter Pál Pelbart. São Paulo: Ed. 34, 1992.

DELEUZE, GILLES. *Espinosa Filosofia Prática*. Tradução de Daniel Lins e Fabien Pascal Lins. São Paulo: Escuto, 2002.

DELEUZE, GILLES; PARNET, CLAIRE. *Diálogos*. Tradução de José Gabriel Cunha. Lisboa: Relógio D'Água Editores 2004.

DELEUZE, GILLES; GUATTARI, FÉLIX. *O Anti Édipo – capitalismo e esquizofrenia vol. 1*. Tradução de Joana Moraes Varela e Manuel Maria Carrilho. Lisboa: Assírio e Alvim 2004.

DELEUZE, GILLES; GUATTARI, FELIX. *Mil Platôs: Capitalismo e Esquizofrenia vol. 4*. Tradução de Suely Rolnik. São Paulo: Editora 34, 1997.

DELEUZE, GILLES E GUATTARI, FELIX. *Mil Platôs: Capitalismo e esquizofrenia vol. 3*. Tradução de Aurélio Guerra Neto, Ana Lúcia de Oliveira, Lúcia Cláudia Leão e Suely Rolnik. São Paulo: Editora 34, 1996.

EMBID, ALFREDO. *Enciclopédia Permanente de Medicina Chinesa*. Miraguano Ediciones: Madrid, 1980.

EYSSALET, JEAN-MARC. *Shen, ou, o instante criador*. Tradução de Gilson B. Soares. Rio de Janeiro: Gryphus, 2003.

FERNAND, LUCIEN MUELLER. *História da Psicologia: Da antiguidade aos dias de Hoje*. Tradução de Almir de Oliveira Aguiar, J. B. Damasco Penna, Lólio Lourenço de Oliveira, Maria Aparecida Blandy. São Paulo: Companhia Editorial Nacional, 1978.

FOUCAULT, MICHEL. *A Microfísica do Poder*. Organização e tradução de Roberto Machado. Rio de Janeiro: Edições Graal, 1979.

GRANET, MARCEL. *O Pensamento Chinês*. Tradução de Vera Ribeiro. Rio de Janeiro: Contraponto, 1997.

GUATTARI, FELIX. *Revolução Molecular: Pulsações Políticas do Desejo*. Tradução de Suely Belinda Rolnik. São Paulo: Editora Brasiliense, 1977.

GROF, STANISLAV. *Além do Cérebro: Nascimento, Morte e Transcendência em Psicoterapia*. Tradução de Wanda de Oliveira Roseli. São Paulo, McGraw-Hill, 1987.

HE, *Yin* HUI. *Teoria Básica da Medicina Tradicional Chinesa*. Tradução de Dina Kaufman. São Paulo: Editora Atheneu, 1999.

HUANG TI NEI CHING SU WEN. Tradução de Fernanda Pinto Rodrigues. Editorial Minerva: Lisboa, 1975.

INADA, TETSUO. *Vasos Maravilhosos & Cronoacupuntura*. São Paulo: Roca, 2000.

ILLICH, IVAN. *A Expropriação da Saúde – Nêmesis da Medi-cina*. Tradução de José Kosinski de Cavalcanti: Rio de Janeiro: Editora Nova Fronteira, 1975.

JARRET, LONNY S. *Nourish Destiny: The Inner Tradiotion of Chinese Medicine*. Spirit Path Press: Massachusets, 1998.

JARRET, LONY S. *The Clinical Practice of Chinese Medicine*. Spirit Path Press: Massachusets, 2003.

JULLIEN, FRANÇOIS. *Um Sábio não tem Ideia*. Tradução de Eduardo Brandão. São Paulo: Martins Fontes, 2000.

KAPLEU, PHILIP. *Os Três Pilares do Zen*. Tradução da Abadia de Nossa Senhora das Graças. Belo Horizonte: Editora Ita-tiaia, 1978.

KUSHI, MICHIO. *Acupuntura: Mundo Antigo e Mundo Novo*. São Paulo: Sol Nascente, 1973.

LAÊRTIOS, DIÔGENES. *Vidas e doutrinas dos Filósofos Ilustres*. Tradução de Mario da Gama Kury. Brasília: Editora Univer-sidade de Brasília, 1988.

LAOZI. *Dáo Dè Jing*. Tradução de Mario Bruno Sproviero. São Paulo: Hedra, 2002.

LEE, EU WON. *Acupuntura Constitucional Universal*. São Paulo: Typus Editora, 1994.

LEE, EU WON. *Manual de Acupuntura Médica*. São Paulo: Centro de Estudos de Medicina Oriental, 1982.

LIAN, YU-LIN; CHEN, CHUN-YAN; HAMMES, MICHAEL; KOLSTER, BERNARD C. *Atlas Gráfico de Acupuntura Seirin*. Editado por Dr. Hans P. Ogal & Dr. Wolfram Stor: Colonia, 1999.

MUTZENBECHER, ALAYDE. *I Ching: O livro das Mutações: Sua Dinâmica Energética*. Rio de Janeiro: Gryphus, 2003.

MACIOCIA, GIOVANNI. *Os fundamentos da Medicina Chinesa: Um texto abrangente para Acupunturistas e Fitoterapeutas*. Tradução de Luciane M. D. Faber. São Paulo: Roca, 1996.

MACIOCIA, GIOVANNI. *Diagnóstico pela Língua na Medicina Chinesa*. Tradução de Maria Inês Garbino Rodrigues. São Paulo: Roca, 2003.

NASCIMENTO, MARILENE CABRAL. *As Duas Faces da Montanha: Estudos sobre Medicina Chinesa e acupuntura*. São Paulo: Editora Hucitec, 2006.

PELBART, PETER PÁL. *Vida Capital: Ensaios de Biopolítica*. São Paulo: Editora Iluminuras Ltda. 2003.

PRÉ-SOCRÁTICOS: Fragmentos, doxografia e comentários. Traduções de José Cavalcante de Souza. São Paulo: Abril Cultural, 1978.

PRIGOGINE, ILYA; STENGERS, ISABELLE. *A Nova Aliança*. Tradução de Miguel Faria e Maria Joaquina Machado Trincheira. Brasília: Editora Universidade de Brasília, 1997.

REQUENA, YVES. *Acupuntura y Psicologia: Hacia uma Nueva Aproximacion de La Psicosomatica*. Tradução de Lãs Mil y Uma Ediciones, Madrid, 1985.

ROSS, JEREMY. *Combinação dos Pontos de Acupuntura: a chave para o êxito clínico*. Tradução de Maria Inês Garbino Rodrigues. São Paulo: Roca, 2003.

ROSS, JEREMY. *Zang Fu: sistemas de órgãos e vísceras da medicina tradicional chinesa – funções, inter-relações e padrões de desarmonia na teoria e na prática*. Tradução de Norma de Paula Palomas. São Paulo: Roca, 1994.

SHANGHAI COLLEGE OF TRADITIONAL MEDICINE. *Acupuntura, um Texto Compreensível*. Traduzido por Maria Lydia Remédio. São Paulo: Roca, 1996.

SPINOZA, BENEDICTUS. *Ética: Tradução de Tomaz Tadeu*. Belo Horizonte: Autentica Editora, 2008.

SPINOZA, BENEDICTUS. *Pensamentos metafísicos; Tratado da correção do intelecto; Tratado político; Correspondências*. Tradução de Marilena de Souza Chauí. São Paulo: Noca Cultura, 1989.

ZHANG, SHENGXING. *Origem e significado dos nomes dos pontos de acupuntura*. Tradução de Dina Kaufman. São Paulo: Roca, 2006.

SOLINAS, HENRI; MAINVILLE, LUCIE; AUTEROCHE, BERNARD. *Atlas de Acupuntura Chinesa: Meridianos e Colaterias*. Tradução de Anita Alves Sampaio. São Paulo: Organização Andrei, 2000.

UNSCHULD, PAUL. *Nan-Ching: O Clássico das Dificuldades*. Tradução de Marcus Vinicius Ferreira. São Paulo: Roca, 2003.

WONG, MING. *Ling Shu: Base da Acupuntura Tradicional Chinesa*. Tradução de Zilda Barbosa Antony. São Paulo: Organização Andrei Editora, 1995.

ZHUFAN, XIE. *Medicina Interna Tradicional Chinesa*. Tradução de Shingo Nagashima. São Paulo: Roca, 1997.